SUPERDECISÃO

como o

pensamento crítico

impulsiona a gestão na era da inteligência artificial

GILBERTO
SARFATI

SUPERDECISÃO

como o
pensamento crítico
impulsiona a gestão na era da inteligência artificial

manole
editora

PRODUÇÃO EDITORIAL: Marcos Toledo
CAPA: Ricardo Yoshiaki
PROJETO GRÁFICO: Departamento Editorial da Editora Manole
DIAGRAMAÇÃO: Departamento Editorial da Editora Manole

CIP-BRASIL. CATALOGAÇÃO NA PUBLICAÇÃO
SINDICATO NACIONAL DOS EDITORES DE LIVROS, RJ

S25s

Sarfati, Gilberto, 1972-
Superdecisão : como o pensamento crítico impulsiona a gestão na era de inteligência artificial / Gilberto Sarfati. - 1. ed. - Barueri [SP] : Manole, 2025.

ISBN 9788520469866

1. Inteligência artificial - Gestão do conhecimento. 2. Processo decisório. 3. Liderança. I. Título.

CDD: 658.403
25-101179.0 CDU: 159.947.2

Carla Rosa Martins Gonçalves - Bibliotecária - CRB-7/4782

Edição – 2025

Editora Manole Ltda.
Alameda Rio Negro, 967 - cj. 717 - Alphaville
Barueri – São Paulo – SP – Brasil
CEP: 06454-000

Fone: (11) 41966000
www.manole.com.br | https://atendimento.manole.com.br/
Impresso no Brasil | *Printed in Brazil*

Dedicatória

Este livro é dedicado a todos aqueles que ousaram sair da caverna de Platão, deixando para trás as sombras do pensamento automático e encarando a luz incômoda, mas libertadora, da reflexão crítica.

Aos meus alunos, que, ao questionarem certezas e desafiarem narrativas prontas, mostram que a verdadeira educação é o caminho para a autonomia intelectual.

À minha esposa, eterna companheira nas jornadas intelectuais.

E aos meus filhos, Maya e Benny: não há verdades absolutas no mundo, exceto o compromisso com a honestidade.

Autor

GILBERTO SARFATI

Professor Associado de Estratégia e Empreendedorismo na Fundação Getulio Vargas Escola de Administração de Empresas de São Paulo (FGV EAESP), uma das mais prestigiadas escolas de negócios da América Latina. Coordena os programas de Alta Gestão, voltados a CEOs e executivos C-Level, além do Mestrado Profissional em Gestão para a Competitividade (MPGC), que conta com oito linhas temáticas voltadas à integração entre teoria e prática empresarial.

Economista formado pela Pontifícia Universidade Católica de São Paulo (PUC-SP), é mestre em Relações Internacionais pela Hebrew University of Jerusalem (Israel), doutor em Ciência Política pela Universidade de São Paulo (USP), com pós-doutorado na própria FGV EAESP. Complementou sua formação com cursos executivos em Yale e na Harvard Business School.

Com trajetória marcada pela articulação entre pensamento crítico, inovação e ação estratégica, atua há mais de 20 anos como educador e pesquisador. É autor de artigos e casos de ensino utilizados em escolas de negócios no Brasil e no exterior, com especial interesse nas relações entre cultura organizacional, inovação e responsabilidade na liderança.

Sua missão é ajudar líderes a pensar com mais clareza, decidir com mais consciência e agir com mais impacto, unindo rigor intelectual e sensibilidade humana na construção de uma liderança alinhada aos desafios do nosso tempo.

Sumário

Introdução

Vivemos em uma era em que o acesso à informação nunca foi tão fácil, e o risco de tomar decisões equivocadas, nunca tão alto. A ascensão da inteligência artificial, em especial das ferramentas generativas, mudou o jogo. Elas oferecem respostas instantâneas, mas nem sempre oferecem reflexão. Elas entregam dados, mas nem sempre ajudam a pensar. É nesse cenário de sobrecarga informacional e automatização crescente que o pensamento crítico se torna mais necessário do que nunca.

Este livro nasce com uma missão clara: ajudar líderes, executivos e tomadores de decisão a desenvolver uma nova musculatura cognitiva, capaz de pensar com clareza, decidir com responsabilidade e liderar com discernimento em tempos de incerteza. O que está em jogo não é apenas evitar erros, é cultivar a capacidade de fazer superdecisões: escolhas que atravessam a complexidade com consciência, que consideram múltiplas perspectivas e que resistem à tentação da resposta fácil.

Essa proposta amadureceu ao longo de anos de experiência como professor e coordenador no Mestrado Profissional em Gestão para a Competitividade da FGV EAESP, onde vi de perto o esforço e, muitas vezes, a dificuldade de profissionais altamente capacitados em refinar sua capacidade de argumentar com rigor, diagnosticar problemas com profundidade e formular decisões em cenários ambíguos. O pensamento crítico, nesses contextos, não é um luxo acadêmico: é uma competência central para gerar impacto real.

Essa convicção se fortaleceu ainda mais na coordenação do programa de Alta Gestão, voltado a CEOs e executivos C-Level da FGV. Nessa posição, ficou evidente que liderar com clareza de pensamento não é apenas uma questão técnica, mas uma exigência ética e estratégica. Em um mundo em que a autoridade é constantemente desafiada e a incerteza é a regra, a solidez do raciocínio, e não apenas a fluência da comunicação, torna-se a base da legitimidade e da eficácia do líder.

A obra está organizada em 15 capítulos, divididos em quatro grandes blocos de construção:

1. **Fundamentos da superdecisão**: introduz os desafios da era da IA, o papel do julgamento humano, os vieses cognitivos e o uso crítico da IA generativa.
2. **Ferramentas e práticas do pensamento crítico**: aborda os tipos de evidência, a arte de perguntar, a escuta crítica, o diagnóstico de problemas e a tomada de decisão sob incerteza.
3. **Cultura, ética e liderança crítica**: explora como criar uma cultura de pensamento claro, integrar ética à decisão e liderar de forma crítica em ambientes automatizados.
4. **Ampliação e sustentação da mente crítica**: discute o pensamento sistêmico, o contexto global multicultural, a criatividade crítica e o desenvolvimento contínuo de uma mentalidade supercrítica.

Cada capítulo oferece não apenas conceitos, mas também *frameworks* práticos e exercícios aplicáveis à realidade do leitor. O foco é sempre a ação: pensar melhor para decidir melhor.

SOBRE O USO DE INTELIGÊNCIA ARTIFICIAL NESTE LIVRO

Este livro foi desenvolvido com o apoio de ferramentas de inteligência artificial generativa, incluindo modelos de linguagem como o ChatGPT, sob curadoria, edição e revisão criteriosa do autor. A IA foi utilizada como uma parceira de escrita, sugerindo estruturas, ampliando argumentos, redigindo rascunhos e auxiliando na clareza textual.

No entanto, o discernimento, a autoria intelectual e todas as decisões sobre conteúdo, tom e profundidade foram conduzidos por uma mente humana. O próprio uso da IA foi, neste projeto, um exercício de pensamento crítico em tempo real, testando, refinando e validando cada etapa com rigor.

Espero que esta jornada ajude você, leitor ou leitora, a cultivar sua própria capacidade de pensar com clareza, agir com responsabilidade e liderar com lucidez. Em um mundo repleto de respostas rápidas, a verdadeira vantagem competitiva está em fazer as perguntas certas e em sustentar boas decisões, mesmo quando não há garantias.

1

A nova era da inteligência artificial e a necessidade do pensamento crítico

INTRODUÇÃO

Estamos vivendo um momento único da história empresarial, caracterizado por transformações rápidas e profundas impulsionadas pela inteligência artificial (IA). Setores tão distintos quanto saúde, finanças, educação, logística, marketing e produção industrial estão sendo radicalmente redefinidos por algoritmos que aprendem, analisam volumes imensos de dados e oferecem *insights* instantâneos. Nesse cenário complexo e altamente dinâmico, as habilidades cognitivas exigidas dos gestores mudam drasticamente. O pensamento crítico deixa de ser desejável e torna-se essencial para a sobrevivência e o crescimento das empresas.

Nosso objetivo aqui não é explorar os aspectos técnicos da IA, mas compreender o que muda no papel do gestor quando sistemas autônomos, muitas vezes opacos, passam a gerar diagnósticos, indicar caminhos e até tomar decisões. A tecnologia avança, mas as decisões continuam sendo humanas — e é nesse espaço que o pensamento crítico se torna vital. Vamos explorar por que, na era da superinteligência algorítmica, pensar com clareza é mais necessário, e mais difícil, do que nunca.

Este capítulo apresenta os fundamentos: o que caracteriza a nova era tecnológica, por que ela exige uma vigilância cognitiva inédita e como o pensamento crítico emerge como antídoto à terceirização acrítica do raciocínio. Você encontrará aqui o pano de fundo estratégico, ético e operacional que embasa todas as ferramentas e *frameworks* dos capítulos seguintes.

A ASCENSÃO DA SUPERINTELIGÊNCIA ARTIFICIAL

O termo "superinteligência artificial" refere-se a sistemas de inteligência artificial que não apenas igualam as capacidades cognitivas humanas, mas as superam significativamente em diversas áreas, desde análises complexas até a tomada de decisões estratégicas. Embora atualmente estejamos mais próximos da chamada inteligência artificial estreita (ANI), focada em aplicações específicas, como reconhecimento facial, previsão de mercado ou diagnóstico médico, caminhamos rapidamente para uma realidade mais sofisticada, na qual algoritmos influenciam de forma decisiva decisões estratégicas em níveis antes inimagináveis.

Exemplos práticos dessa evolução já estão presentes no dia a dia das empresas. Algoritmos de aprendizado profundo ajudam instituições financeiras a detectar fraudes em tempo real, analisando milhões de transações simultaneamente. Em saúde, sistemas inteligentes orientam diagnósticos complexos e identificam precocemente doenças a partir da análise de dados médicos e imagens radiológicas. No marketing, a IA permite a personalização de mensagens publicitárias em escala nunca antes vista, ajustando abordagens em tempo real a partir das respostas comportamentais dos consumidores.

Por outro lado, essa poderosa capacidade tecnológica também introduz riscos significativos, especialmente quando decisões importantes são tomadas com base em modelos complexos que poucos compreendem plenamente. Os algoritmos podem herdar e amplificar vieses ocultos presentes nos dados, resultando em discriminação inadvertida ou decisões estratégicas equivocadas. Um exemplo clássico é o uso de algoritmos na seleção de candidatos para vagas de emprego que, devido a falhas em dados históricos, acabam discriminando candidatos por gênero ou origem étnica.

Diante desse cenário, torna-se essencial que líderes desenvolvam uma capacidade crítica aguçada para avaliar, questionar e interpretar corretamente os resultados produzidos pela inteligência artificial. Apenas com um pensamento crítico desenvolvido será possível extrair o máximo dessas tecnologias avançadas, mitigando seus riscos e ampliando seus benefícios estratégicos.

A ascensão da IA também vem alterando o próprio papel do líder. Em vez de apenas tomar decisões com base em dados apresentados por subordinados ou especialistas, o líder contemporâneo deve compreender como esses dados foram gerados, com quais premissas e quais são os limites daquilo que o algoritmo pode, ou não pode, prever. A liderança passa a ser uma interface crítica entre a máquina e a ação humana, e é nesse espaço que o pensamento crítico se torna insubstituível.

Além disso, o uso crescente de IA exige uma nova fluência executiva: não basta conhecer conceitos técnicos ou confiar em *dashboards* sofisticados. O gestor precisa entender o que está por trás das correlações que os sistemas exibem, questionar os indicadores sugeridos e identificar se a modelagem realmente reflete os objetivos estratégicos do negócio. Uma compreensão superficial desses sistemas pode gerar uma falsa sensação de controle, que só o pensamento crítico é capaz de desmontar.

Por fim, cabe lembrar que a IA, apesar de seu poder, não possui intencionalidade nem senso ético ou julgamento moral. Ela maximiza o que foi instruída a otimizar. Assim, cabe ao gestor, humano e falível, interpretar, julgar e decidir com base em múltiplas dimensões, inclusive aquelas que escapam ao cálculo algorítmico. Essa tarefa, fundamental e intransferível, é onde o pensamento crítico se revela não apenas útil, mas absolutamente indispensável.

> **Cabe ao gestor, humano e falível, interpretar, julgar e decidir com base em múltiplas dimensões, inclusive aquelas que escapam ao cálculo algorítmico.**

POR QUE O PENSAMENTO CRÍTICO SE TORNOU INDISPENSÁVEL

Com o crescente uso da inteligência artificial para fundamentar decisões corporativas, os líderes frequentemente enfrentam desafios inéditos relacionados à interpretação de dados, vieses ocultos e falhas de lógica que podem levar a erros estratégicos consideráveis. Decisões aparentemente sólidas, baseadas em "dados objetivos", podem estar permeadas por falácias ocultas, erros de interpretação ou falta de consideração adequada das implicações éticas e práticas envolvidas.

Além disso, vivemos em um contexto em que a velocidade e a escala da tomada de decisão aumentaram exponencialmente. Algoritmos podem analisar dados rapidamente, mas a interpretação final e estratégica desses dados continua sendo uma tarefa essencialmente humana, exigindo julgamento crítico refinado. A falta desse julgamento pode levar a decisões que ignoram fatores contextuais importantes ou que se baseiam em premissas inadequadas.

Em contextos automatizados, decisões tomadas de forma superficial ou automática são cada vez mais perigosas. O pensamento crítico é indispensável justamente porque oferece ferramentas cognitivas para navegar com segurança por entre os grandes volumes de informações disponíveis, reconhecendo vieses, evitando armadilhas cognitivas e garantindo que as decisões sejam informadas, ponderadas e efetivas. Líderes críticos conseguem fazer as perguntas certas sobre os algoritmos e modelos que utilizam, garantindo maior transparência, controle e eficácia estratégica.

O QUE É, AFINAL, O PENSAMENTO CRÍTICO

Pensamento crítico é a habilidade cognitiva que envolve analisar, avaliar, interpretar e sintetizar informações de forma clara, lógica e reflexiva. Trata-se de uma abordagem deliberada para a resolução de problemas, tomada de decisões e formulação de estratégias, caracterizada pela constante busca de clareza, coerência, fundamentação lógica e imparcialidade.

Mais especificamente, o pensamento crítico envolve não apenas identificar problemas e suas causas, mas também avaliar as informações e evidências disponíveis, considerando diferentes pontos de vista antes de chegar a uma conclusão. É uma prática disciplinada de questionamento, na qual o indivíduo busca continuamente melhorar a qualidade das suas decisões por meio da autoavaliação e do questionamento sistemático das premissas e evidências disponíveis.

O pensamento crítico envolve não apenas identificar problemas e suas causas, mas também avaliar as informações e evidências disponíveis, considerando diferentes pontos de vista antes de chegar a uma conclusão.

Pensar criticamente também significa estar consciente das próprias limitações cognitivas, reconhecendo que nossas interpretações da realidade são frequentemente afetadas por vieses pessoais, culturais e emocionais. Assim, o pensamento crítico envolve a prática constante de avaliar nossas próprias crenças e decisões à luz de critérios objetivos, buscando identificar e corrigir falhas de raciocínio.

Essa habilidade não é inata, mas pode ser cultivada com prática deliberada. Ler com profundidade, debater com pessoas que pensam de forma diferente, questionar suposições cotidianas e desenvolver uma escuta ativa são formas eficazes de expandir a capacidade crítica. O pensamento crítico também se fortalece quando o profissional se compromete com a busca da verdade, mesmo quando ela é desconfortável ou contraria suas convicções iniciais.

Além disso, o pensamento crítico bem desenvolvido oferece um antídoto contra decisões impulsivas ou emocionalmente carregadas. Ele cria um espaço mental entre o estímulo e a resposta, um intervalo em que a razão pode operar, substituindo a reatividade por discernimento. Esse espaço é onde a liderança se torna mais lúcida, estratégica e eficaz.

As habilidades essenciais do pensamento crítico incluem:

- Análise rigorosa das informações disponíveis.
- Avaliação crítica da credibilidade e relevância das fontes.
- Reconhecimento de pressupostos e identificação de vieses.
- Inferência lógica e fundamentação sólida das conclusões.
- Avaliação abrangente das consequências e implicações das decisões tomadas.

Por exemplo, imagine um executivo que precisa decidir sobre a implementação de um sistema de inteligência artificial para recrutamento. O pensamento crítico o levará a questionar cuidadosamente a qualidade dos dados utilizados, a imparcialidade do algoritmo e os impactos éticos da automação sobre diversidade e inclusão na empresa.

CARACTERÍSTICAS ESSENCIAIS DO LÍDER "SUPERCRÍTICO"

Chamamos de líder "supercrítico" aquele gestor que incorpora consistentemente o pensamento crítico à sua prática profissional. As principais competências desse líder incluem:

- **Humildade intelectual**: reconhecer limitações próprias e a necessidade constante de aprendizado.
- **Curiosidade contínua**: buscar ativamente informações adicionais e perspectivas diversas.
- **Coragem intelectual**: desafiar crenças estabelecidas e enfrentar resistência ao questionar decisões populares ou convenientes.
- **Discernimento aguçado**: identificar rapidamente falhas lógicas, inconsistências e pressupostos ocultos.
- **Capacidade de síntese**: integrar informações diversas e contraditórias em soluções coerentes e inovadoras.

Essas qualidades não surgem por acaso. São fruto de uma postura ativa e consciente frente à complexidade do mundo corporativo contemporâneo. O líder supercrítico está disposto a revisar suas crenças diante de novas evidências, a tomar decisões impopulares quando necessário e a colocar em xeque até mesmo as premissas mais arraigadas da cultura organizacional à sua volta. Essa disposição de questionar e reconstruir continuamente suas próprias bases de decisão é o que diferencia o líder reflexivo do líder reativo.

Além disso, o líder supercrítico atua como multiplicador dessas competências dentro da organização. Ele estimula o pensamento independente nas equipes, valoriza questionamentos bem fundamentados e constrói ambientes em que a discordância construtiva é não apenas tolerada, mas celebrada. Ao criar essas condições, transforma o pensamento crítico em uma prática coletiva, capaz de elevar a maturidade decisória da empresa como um todo.

Essas habilidades podem ser desenvolvidas por meio da prática constante de questionamento e da adoção consciente de atitudes como ouvir ativamente, buscar *feedback* honesto e promover uma cultura organizacional aberta à crítica construtiva. Líderes supercríticos buscam constantemente oportunidades para praticar e aperfeiçoar seu julgamento crítico por meio de treinamentos específicos e reflexões regulares sobre suas próprias decisões.

ERROS COMUNS NA TOMADA DE DECISÃO E A INFLUÊNCIA DA INTELIGÊNCIA ARTIFICIAL

A tomada de decisão é um processo complexo e vulnerável a diversos tipos de erros cognitivos comuns, como vieses de confirmação (buscar informações que validam crenças já existentes), ancoragem (confiar excessivamente em uma informação inicial) e a falácia do custo irrecuperável (insistir em um investimento por conta de recursos já gastos). Esses erros frequentemente levam gestores a decisões inadequadas, desperdício de recursos e oportunidades perdidas.

Com a introdução da IA, poderíamos esperar que esses problemas fossem automaticamente resolvidos. No entanto, paradoxalmente, a IA pode exacerbar tais erros quando utilizada sem análise crítica adequada. O viés de confirmação ocorre quando alguém busca ou privilegia informações que confirmam suas crenças pré-existentes, ignorando evidências que poderiam contradizê-las. Quando algoritmos de IA são treinados com dados históricos já enviesados, eles podem reforçar e amplificar esses preconceitos. Por exemplo, se um sistema de recrutamento for treinado com dados históricos de contratações passadas, que já refletiam certas preferências ou preconceitos inconscientes, o algoritmo pode passar a recomendar candidatos semelhantes aos já contratados, perpetuando desigualdades e preconceitos.

> **Quando algoritmos de IA são treinados com dados históricos já enviesados, eles podem reforçar e amplificar esses preconceitos**

Além disso, gestores frequentemente abordam a IA não para explorar livremente possibilidades e *insights* novos, mas para validar ideias e crenças pré-estabelecidas. Em outras palavras, podem usar as recomendações ou análises automáticas como confirmação de suas próprias hipóteses iniciais, sem submeter essas recomendações a um exame crítico cuidadoso. Isso cria um ciclo vicioso, no qual o algoritmo e o gestor reforçam continuamente preconceitos e limitações mútuas, resultando em decisões subótimas e estratégias equivocadas.

Diante desses desafios, fica clara a necessidade de uma abordagem crítica robusta ao lidar com decisões baseadas em IA. Os líderes precisam cultivar uma mentalidade que questione continuamente as recomendações fornecidas pelos algoritmos, investigando fontes de dados, analisando os pressupostos incorporados aos modelos utilizados e avaliando cuidadosamente as consequências de seguir tais sugestões sem reservas. Somente assim poderão aproveitar plenamente os benefícios da IA, minimizando riscos e erros potencialmente ampliados pela automação acrítica.

AS SEIS PERGUNTAS FUNDAMENTAIS DO PENSAMENTO CRÍTICO

Para ajudar na aplicação prática do pensamento crítico, apresentamos aqui um modelo simples e eficaz, baseado em seis perguntas fundamentais que todo executivo deve considerar antes de tomar decisões importantes:

1. **Qual é exatamente o problema ou questão?**
   Exemplo: Precisamos escolher entre dois *softwares* de CRM.

2. **Que informações relevantes temos e quais ainda precisamos?**
   Exemplo: Temos avaliações técnicas, mas faltam avaliações sobre usabilidade dos usuários.

3. **Quais premissas e pressupostos estou utilizando?**
   Exemplo: Estamos assumindo que todos os usuários têm níveis semelhantes de habilidade técnica.

4. **Quais alternativas estão realmente disponíveis?**
   Exemplo: Podemos escolher entre as duas opções ou desenvolver uma solução interna.

5. **Quais as implicações e consequências prováveis dessas alternativas?**
   Exemplo: Uma opção é mais rápida e barata, mas pode ter menor aderência dos usuários.

6. **Quais são meus vieses e como posso minimizá-los?**
   Exemplo: Tenho preferência pessoal por uma das ferramentas, devo consultar usuários para minimizar esse viés.

Essas perguntas ajudam o executivo supercrítico a garantir decisões conscientes, bem fundamentadas e livres de armadilhas cognitivas e emocionais.

EXERCÍCIO

Antes de avançar na leitura deste livro, convidamos você a realizar um rápido exercício de autoavaliação. Pergunte a si mesmo:

1. Com que frequência eu questiono profundamente as informações antes de tomar uma decisão?
2. Quão bem reconheço meus próprios vieses ou preconceitos durante uma decisão importante?
3. Estou ciente das implicações éticas e práticas das decisões que tomo?

Essas perguntas fornecem um ponto inicial de reflexão sobre sua capacidade crítica e indicam áreas em que o livro poderá ajudar significativamente a fortalecer suas habilidades.

SÍNTESE DO CAPÍTULO

Neste capítulo, apresentamos o cenário atual da crescente relevância da IA na gestão executiva, destacamos por que o pensamento crítico se tornou indispensável e definimos claramente o que é o pensamento crítico e como ele pode transformar líderes em gestores mais eficazes.

Nos próximos capítulos, você descobrirá ferramentas práticas, técnicas avançadas e *frameworks* para desenvolver plenamente sua capacidade de pensamento crítico e impulsionar sua liderança a níveis inéditos de eficácia e excelência na era da IA.

2

A inteligência artificial e os novos desafios cognitivos da liderança

INTRODUÇÃO

A transformação digital provocada pela inteligência artificial (IA) não apenas altera os processos, mas também muda profundamente a maneira como pensamos, decidimos e lideramos. O que antes exigia principalmente experiência e senso prático agora demanda um novo tipo de agilidade mental, capaz de interpretar sistemas complexos e dados massivos em tempo real. A IA cria um paradoxo: ao mesmo tempo que alivia a carga de processamento cognitivo humano, aumenta a exigência sobre a qualidade do julgamento humano. Surge, então, uma nova era cognitiva para os líderes, mais abstrata, mais rápida, mais ambígua.

Essas mudanças não são apenas tecnológicas, mas também cognitivas, filosóficas e organizacionais. A inteligência artificial obriga os líderes a repensar a própria natureza da autoridade decisória, deslocando a ênfase da acumulação de respostas para a capacidade de formular perguntas melhores. Em um ambiente em que a informação é abundante, o discernimento se torna escasso. E discernir exige mais do que dados: exige pensamento crítico, consciência situacional e responsabilidade moral.

Este capítulo examina os novos desafios cognitivos que emergem quando algoritmos passam a participar do processo de decisão executiva. Em vez de tratar a IA como uma ameaça ou uma panaceia, propõe-se aqui uma abordagem crítica e construtiva: como o gestor pode manter, e ampliar, sua relevância estratégica em um mundo mediado por sistemas inteligentes? O ponto de partida é uma nova atitude diante do conhecimento: não basta consumir dados, é preciso pensar com rigor sobre como eles são gerados, o que significam e que decisões justificam. É neste espaço que o papel da liderança se redefine.

A MUDANÇA NO PAPEL DO JULGAMENTO HUMANO

Na era pré-IA, o gestor tomava decisões com base em intuição, experiência acumulada e dados limitados. Hoje, a situação se inverte: os dados são abundantes, os modelos são sofisticados, mas o julgamento sobre o que fazer com essas informações torna-se o verdadeiro diferencial. O gestor passa a exercer o que chamamos de "juízo sobre os modelos": ele não decide apenas com base nos dados, mas precisa interpretar a lógica e os limites dos algoritmos que geraram aqueles dados.

O gestor passa a exercer o que chamamos de "juízo sobre os modelos": ele não decide apenas com base nos dados, mas precisa interpretar a lógica e os limites dos algoritmos que geraram aqueles dados.

Esse juízo não é simples. Exige que o líder compreenda minimamente como os modelos funcionam, quais premissas utilizam e até onde podem ser confiáveis. Não se trata de virar cientista de dados, mas de ter uma literacia crítica em relação às tecnologias utilizadas. Afinal, muitas decisões derivadas de IA são apenas tão boas quanto os dados que alimentam os sistemas e as intenções embutidas nos critérios de modelagem. O gestor deve aprender a fazer perguntas incômodas: o que este algoritmo está otimizando? Quais comportamentos ele está recompensando ou punindo? Quais as consequências não intencionais dessa lógica?

Essa nova função requer discernimento epistemológico, a capacidade de distinguir entre correlação e causalidade, entre padrões válidos e coincidências estatísticas. Por exemplo, um modelo pode indicar que clientes que compram determinado produto tendem a cancelar sua assinatura nos meses seguintes. Isso não significa necessariamente que o produto causa o cancelamento; pode haver um terceiro fator oculto. Cabe ao gestor investigar antes de redesenhar processos ou estratégias baseando-se em tais inferências.

Além disso, o julgamento humano passou a operar em um campo mais abstrato. Se antes ele se aplicava diretamente sobre fatos ou números conhecidos, agora precisa ser aplicado sobre os sistemas que produzem interpretações dos fatos. É uma camada a mais de complexidade. O líder moderno precisa decidir não só o que fazer com os dados, mas também se pode confiar neles, se compreende o modelo, se as regras do jogo são transparentes e se os resultados são replicáveis e consistentes.

O julgamento humano, longe de ter sido substituído pela IA, torna-se mais necessário, e mais exigente, do que nunca. É ele que responde à pergunta: "O que faremos com o que os dados nos mostram?"

O RISCO DA TERCEIRIZAÇÃO COGNITIVA

Um dos principais perigos do uso crescente da IA é a ilusão de que podemos terceirizar nossa capacidade de pensar. Quando líderes confiam cegamente em sistemas automatizados sem compreender suas limitações, estão renunciando à responsabilidade intelectual que os define. Isso é ainda mais crítico porque muitos modelos são caixas-pretas: produzem resultados com alta precisão aparente, mas sem oferecer explicações compreensíveis sobre como chegaram a tais conclusões.

> **Quando líderes confiam cegamente em sistemas automatizados sem compreender suas limitações, estão renunciando à responsabilidade intelectual que os define.**

Por exemplo, em decisões de crédito, algoritmos que avaliam risco com base em dados históricos podem acabar discriminando grupos inteiros sem que o gestor perceba. Se o executivo não questionar o racional do sistema, não estará apenas aplicando tecnologia, estará perpetuando injustiças ou fragilidades sistêmicas. Terceirizar a cognição é abrir mão da ética, da responsabilidade e da estratégia.

Além disso, a comodidade proporcionada pelos sistemas inteligentes pode enfraquecer o desenvolvimento das habilidades analíticas dos líderes. À medida que delegam decisões a algoritmos, tornam-se menos propensos a explorar criticamente cenários, avaliar nuances contextuais ou considerar alternativas estratégicas fora do escopo computacional. A longo prazo, essa dependência pode gerar líderes intelectualmente complacentes, que perdem agilidade decisória justamente nos momentos mais críticos.

Outro risco importante é a transferência inconsciente de valores. Os algoritmos não apenas analisam dados, mas também embutem critérios e objetivos, muitos dos quais são definidos por terceiros, engenheiros, fornecedores de tecnologia, *stakeholders* externos. Quando o líder não interroga os valores codificados nos sistemas, corre o risco de agir segundo uma lógica que não reflete nem sua ética pessoal nem os princípios organizacionais que deveria defender. A tecnologia deixa de ser uma ferramenta e passa a ser um motor invisível da decisão.

Por fim, a terceirização cognitiva compromete a *accountability*. Quando uma decisão tomada com apoio de IA resulta em erro, é comum ouvir frases como "foi o algoritmo que indicou". Isso revela um deslocamento da responsabilidade, como se o sistema fosse um agente moral autônomo. No entanto, os algoritmos não decidem, eles sugerem. Decidir continua sendo uma função humana, que exige discernimento, coragem e visão. O líder que terceiriza a cognição terceiriza também sua autoridade e sua legitimidade.

DESAFIOS COGNITIVOS CONCRETOS NA PRÁTICA EXECUTIVA

Na prática, os gestores enfrentam novos dilemas cognitivos com o uso da IA. Um deles é a ambiguidade: nem sempre os dados apontam uma única resposta clara, e decisões precisam ser tomadas mesmo diante de incerteza. Outro é a dificuldade de interpretar padrões que, embora estatisticamente válidos, não fazem sentido operacional ou estratégico.

A ambiguidade se intensifica quando diferentes algoritmos apresentam conclusões divergentes para o mesmo problema. Imagine um cenário em que um modelo de previsão de demanda sugere aumento da produção, enquanto outro, baseado em análises de comportamento do consumidor, indica possível retração. Qual modelo seguir? A resposta depende menos da tecnologia e mais da capacidade do líder de compreender o contexto, ponderar as variáveis relevantes e tomar uma decisão fundamentada.

Outro desafio recorrente é o da sobrecarga informacional. Os sistemas de IA fornecem *dashboards* com dezenas de indicadores, análises preditivas e simulações. A tentação de considerar tudo pode paralisar o gestor ou levá-lo a confiar excessivamente no que é mais visível, e não no que é mais relevante. A habilidade de separar sinal de ruído torna-se fundamental.

Também é comum a dificuldade de distinguir entre indicadores de causa e indicadores de efeito. Por exemplo, um aumento na rotatividade pode ser interpretado como sinal de problema cultural ou apenas reflexo de um mercado aquecido. A IA pode apontar correlações, mas não oferece a interpretação contextual necessária para tomar medidas acertadas. O gestor precisa exercer pensamento crítico para não reagir a sintomas sem tratar as causas.

Além disso, há o dilema entre explicabilidade e eficiência. Muitas vezes, os modelos mais precisos são também os mais opacos (como redes neurais profundas), enquanto os modelos mais transparentes oferecem menos acurácia. O gestor se vê diante da pergunta: prefiro entender a decisão ou obter o melhor resultado, mesmo sem compreendê-lo totalmente? Essa tensão exige uma sofisticação cognitiva que só o pensamento crítico pode sustentar.

A DEMANDA POR NOVAS COMPETÊNCIAS MENTAIS

Esse cenário exige que os líderes desenvolvam competências cognitivas para além do pensamento linear. Entre elas estão a atenção seletiva (saber onde focar em meio ao excesso de informação), o discernimento estratégico (distinguir o essencial do acessório), a tolerância à ambiguidade (decidir mesmo sem ter certeza) e a antifragilidade mental (usar o erro e o conflito como fontes de aprendizado).

Essas competências não substituem o conhecimento técnico, mas o potencializam. Em vez de saber tudo, o líder do futuro precisa saber formular boas perguntas, desconfiar de respostas fáceis e cultivar a habilidade de navegar em zonas cinzentas. Trata-se menos de acumular certezas e mais de liderar com consciência crítica em contextos fluidos.

Além disso, a capacidade de manter o foco seletivo torna-se decisiva diante da avalanche de dados e estímulos gerados por sistemas de IA. Em vez de se dispersar em relatórios intermináveis, o líder precisa identificar os poucos indicadores realmente relevantes, aqueles que sinalizam mudanças estratégicas e exigem resposta ágil e fundamentada. Essa habilidade de filtragem é tão importante quanto a própria análise.

> **Em vez de saber tudo, o líder do futuro precisa saber formular boas perguntas, desconfiar de respostas fáceis e cultivar a habilidade de navegar em zonas cinzentas.**

Outra competência essencial é a disposição para a revisão contínua de hipóteses. A IA gera ciclos de aprendizagem mais rápidos e, portanto, desafia o gestor a reavaliar constantemente suas premissas. O que funcionava há seis meses pode estar obsoleto. O líder crítico é aquele que transforma a dúvida em força, incorporando a revisão como parte do processo decisório, e não como sinal de fraqueza.

Por fim, a antifragilidade mental não diz respeito apenas à resistência ao erro, mas à capacidade de crescer com ele. Em ambientes complexos, decisões perfeitas são raras. O que diferencia um líder comum de um líder crítico é a capacidade de extrair aprendizado de cada decisão mal-sucedida, ajustando rapidamente sua abordagem e fortalecendo sua intuição analítica. A IA pode oferecer simulações, mas o ser humano é quem aprende com a realidade. Isso exige mente aberta, reflexão constante e humildade cognitiva.

FERRAMENTA DE REFLEXÃO: RADAR COGNITIVO PARA DECISÕES COM IA

Para ajudá-lo a identificar seu posicionamento diante de decisões apoiadas por IA, propomos o seguinte exercício de autoavaliação. Antes de tomar uma decisão com base em sistemas algorítmicos, pergunte-se:

1. **Compreendo como o modelo chegou a essa recomendação?**
   Exemplo: um sistema de precificação dinâmica recomenda reduzir o preço de um produto em 15%. O gestor deve questionar se a recomendação se baseia em dados de concorrência, elasticidade da demanda, sazonalidade ou outra variável. Caso não compreenda os fatores que influenciaram o modelo, a decisão pode gerar perdas financeiras ou canibalização de outros produtos.

2. **Identifiquei os dados de entrada e seus possíveis vieses?**
   Exemplo: ao utilizar um algoritmo para identificar talentos internos para promoção, o líder deve verificar se os dados utilizados contemplam avaliações subjetivas, padrões históricos enviesados ou ausência de variáveis importantes, como diversidade e engajamento. Ignorar os vieses pode consolidar desigualdades preexistentes.

3. **As premissas do sistema são compatíveis com nossos objetivos estratégicos?**
   Exemplo: um modelo de previsão de demanda é altamente sensível a promoções, mas a estratégia da empresa naquele trimestre é priorizar margem sobre volume. Se o modelo prioriza crescimento a qualquer custo, seu uso pode sabotar os próprios objetivos da liderança.

4. **As consequências dessa decisão foram discutidas com diferentes áreas?**
   Exemplo: a adoção de um novo algoritmo de roteirização logística pode reduzir custos, mas afetar negativamente a qualidade da entrega ou a satisfação dos motoristas. Trazer outras áreas para a análise, como RH, atendimento e operações, ajuda a equilibrar eficiência e impacto humano.

5. **Minha equipe tem clareza e confiança sobre esse processo decisório?** Exemplo: um gerente decide substituir parte do processo seletivo por IA sem comunicar adequadamente os critérios de decisão. Isso gera resistência, desinformação e sensação de arbitrariedade. Explicar a lógica por trás da ferramenta é essencial para gerar confiança no processo.

6. **Estou preparado para explicar, justificar e revisar essa decisão, se necessário?** Exemplo: uma política de preço dinâmica gera flutuações percebidas como injustas por clientes recorrentes. O gestor deve estar pronto para rever parâmetros e comunicar ajustes, reconhecendo a necessidade de calibrar a automação com sensibilidade humana.

Responder honestamente a essas perguntas fortalece sua posição como líder consciente e reduz o risco de decisões apressadas, enviesadas ou terceirizadas à tecnologia.

SÍNTESE DO CAPÍTULO

Neste capítulo, exploramos como a inteligência artificial transforma não apenas os processos organizacionais, mas também os requisitos cognitivos da liderança. Discutimos o novo papel do julgamento humano diante de modelos algorítmicos, os riscos da terceirização da responsabilidade intelectual e os dilemas práticos enfrentados na aplicação da IA em contextos executivos reais.

Apresentamos ainda as novas competências mentais exigidas dos líderes, como foco seletivo, discernimento estratégico, tolerância à ambiguidade e antifragilidade cognitiva, e propusemos uma ferramenta de reflexão para ajudar gestores a navegar com consciência crítica nas decisões mediadas por sistemas automatizados.

Esses conteúdos estabelecem as bases para o próximo capítulo, no qual examinaremos as armadilhas cognitivas mais comuns que distorcem o raciocínio dos líderes, tanto com quanto sem o apoio da IA, e como desenvolver imunidade a essas falácias no processo decisório.

3

Armadilhas cognitivas: como os vieses sabotam decisões na era da IA

INTRODUÇÃO: POR QUE AINDA ERRAMOS TANTO, MESMO COM TANTOS DADOS?

Vivemos a era da hiperdisponibilidade de informação. Decisões que antes exigiam longos processos analíticos agora são suportadas por *dashboards*, alertas automatizados e previsões geradas por inteligência artificial. Ainda assim, os erros humanos persistem e, em alguns casos, se intensificam. Por quê?

A resposta está nas chamadas "armadilhas cognitivas": distorções sistemáticas no raciocínio humano que afetam a forma como interpretamos dados, avaliamos riscos e tomamos decisões. Essas distorções não são resultado de ignorância ou má intenção, mas de heurísticas mentais, atalhos que evoluímos para lidar com a complexidade e a escassez de tempo. O problema é que esses atalhos, úteis em algumas situações, tornam-se prejudiciais em ambientes sofisticados como o corporativo, especialmente quando mediados por sistemas de IA.

A inteligência artificial não elimina esses vieses; muitas vezes, os amplifica, ao transformar inferências humanas em padrões codificados que se retroalimentam. Neste capítulo, exploraremos os dez vieses cognitivos mais relevantes para líderes e gestores na era da IA e veremos como reconhecê-los, mitigá-los e, sempre que possível, transformá-los em oportunidades de desenvolvimento crítico.

OS 10 VIESES CRÍTICOS DA LIDERANÇA ALGORÍTMICA

1. Viés de confirmação

Tendência a buscar, interpretar ou valorizar mais fortemente informações que confirmam nossas crenças prévias. Esse viés atua como um filtro mental que favorece a confirmação de hipóteses iniciais, mesmo diante de evidências contrárias. É um dos vieses mais perigosos porque, ao reforçar convicções pré-existentes, bloqueia o aprendizado e a adaptação estratégica.

No contexto executivo, o viés de confirmação pode se manifestar de forma sutil. Um gestor pode solicitar análises que validem sua visão, ignorando indicadores que apontam em outra direção. Ou pode interpretar resultados ambíguos de forma favorável ao plano original, mantendo uma estratégia que já deveria ter sido revista. A tecnologia, em vez de atenuar esse problema, pode intensificá-lo: *dashboards* personalizados e filtros algorítmicos reforçam apenas os dados mais convenientes ao olhar do tomador de decisão.

A forma mais eficaz de mitigar esse viés é introduzir o contraditório intencionalmente no processo decisório: designar um "advogado do diabo" em reuniões estratégicas, promover análises comparativas com diferentes hipóteses e incentivar a cultura do questionamento honesto. O pensamento crítico não se expressa apenas por uma mente investigativa, mas por uma liderança que deseja genuinamente estar errada se isso significar acertar mais adiante.

O pensamento crítico não se expressa apenas por uma mente investigativa, mas por uma liderança que deseja genuinamente estar errada se isso significar acertar mais adiante.

- Exemplo: um CEO acredita que um novo mercado é promissor. Mesmo diante de dados que indicam baixa rentabilidade, ele se concentra em indicadores positivos isolados para justificar sua convicção.

2. Ancoragem algorítmica

A primeira informação recebida, especialmente se originada por IA, atua como âncora e influencia desproporcionalmente as decisões seguintes. Nosso cérebro busca economizar energia cognitiva fixando-se em um ponto de referência inicial, mesmo que irrelevante ou ultrapassado. Em contextos analíticos, essa tendência compromete a revisão objetiva diante de novos dados.

No ambiente corporativo, a primeira previsão, estimativa ou recomendação de um modelo tende a definir o tom das discussões subsequentes. Uma projeção de crescimento de 20%, ainda que baseada em premissas frágeis, pode se tornar um norte psicológico difícil de questionar, moldando metas, bônus, investimentos e a comunicação com *stakeholders*. O risco se agrava quando essa âncora é tomada como verdade objetiva apenas por ter origem tecnológica.

Para mitigar, cultive o hábito de contextualizar qualquer *input* algorítmico: "Qual o grau de certeza dessa estimativa?", "Com que dados foi construída?", "Ela ainda é válida à luz de novos acontecimentos?". Realize simulações com múltiplos cenários, evitando dependência exclusiva de um único ponto de partida.

- Exemplo: um modelo prevê crescimento de 20% no próximo trimestre. Mesmo após mudanças econômicas significativas, essa projeção inicial continua a influenciar os ajustes estratégicos da equipe.

3. Excesso de confiança decisória

Superestimar a própria capacidade de análise ou de prever cenários, ignorando incertezas ou limitações do modelo. É prevalente entre líderes de alta performance historicamente recompensados por assertividade. O sucesso passado pode se transformar em armadilha quando leva à negligência de limites analíticos ou de sinais de alerta emitidos por pares, equipes técnicas ou modelos preditivos.

No contexto da inteligência artificial, o excesso de confiança aparece quando o gestor acredita que sua intuição ou conhecimento do setor é suficiente para corrigir ou dispensar as recomendações do algoritmo. Em outros casos, ele assume que compreende perfeitamente como o modelo funciona quando, na realidade, as premissas matemáticas, os dados de treinamento e os limites estatísticos não são plenamente dominados.

Para mitigar esse viés, é fundamental cultivar uma cultura de humildade analítica. Simulações adversas, consultas a especialistas independentes e processos de revisão entre áreas podem ajudar a calibrar a autoconfiança com a complexidade real do cenário decisório. O verdadeiro líder crítico não abdica de sua intuição, mas a submete ao escrutínio da evidência e do diálogo estruturado.

- Exemplo: um diretor financeiro confia cegamente em sua capacidade de leitura de mercado e ignora alertas do time de riscos, insistindo em uma decisão altamente exposta a variáveis voláteis.

4. Viés de disponibilidade

Atribuir mais importância a eventos ou dados mais fáceis de lembrar ou que estão mais presentes na mídia ou no ambiente imediato. Esse viés é resultado direto do funcionamento da memória humana: tendemos a supervalorizar informações recentes, chocantes ou emocionalmente carregadas, em detrimento de dados mais representativos, porém menos acessíveis cognitivamente.

Na liderança corporativa, o viés de disponibilidade aparece quando decisões estratégicas são tomadas com base em eventos recentes, notícias de grande repercussão ou experiências pessoais vívidas, em vez de uma análise estatística sólida. Esse comportamento pode levar a respostas desproporcionais, desvios de alocação de recursos ou foco excessivo em problemas pontuais, negligenciando desafios sistêmicos e estruturais.

Para mitigar esse viés, é necessário adotar uma postura analítica consistente, baseada em séries históricas, amostragens amplas e critérios objetivos. Ferramentas visuais como linhas do tempo, matrizes de impacto e gráficos de dispersão ajudam a deslocar o foco daquilo que é apenas saliente para aquilo que é realmente relevante. A liderança crítica deve resistir ao impulso de reagir a cada novo dado chamativo e, em vez disso, cultivar o discernimento sobre o que é estrutural e o que é episódico.

- Exemplo: após um escândalo com fornecedor em outro setor, a liderança suspende um projeto semelhante sem avaliar o risco real do próprio fornecedor envolvido.

5. Falácia do custo irrecuperável

Manter decisões equivocadas apenas para não "desperdiçar" recursos já investidos. Essa falácia se manifesta quando os líderes se sentem psicologicamente compelidos a seguir adiante com projetos, estratégias ou parcerias simplesmente porque já dedicaram muito tempo, dinheiro ou reputação. O nome do viés vem do conceito econômico de "custos irrecuperáveis", investimentos que, uma vez realizados, não devem mais influenciar decisões futuras.

No mundo corporativo, esse comportamento aparece em várias formas: insistir em manter um produto que não gera tração, sustentar um parceiro estratégico ineficaz ou continuar investindo em um sistema tecnológico incompatível com a evolução da empresa. A racionalização comum é: "já fomos longe demais para voltar atrás", mesmo que os custos de seguir adiante sejam maiores do que os de parar.

O risco da falácia do custo irrecuperável é a paralisia estratégica: empresas se tornam incapazes de encerrar iniciativas fracassadas e redirecionar recursos com agilidade. A solução começa com a institucionalização de uma cultura de aprendizado, onde admitir equívocos seja sinal de maturidade e não de fraqueza.

Revisões trimestrais com foco em "abandono estratégico", ou seja, o que devemos parar de fazer, são ferramentas poderosas para evitar esse viés.

- Exemplo: um projeto de IA que consome milhões em desenvolvimento, mesmo apresentando baixos resultados, continua a ser priorizado porque "já foi longe demais para parar".

6. Efeito halo tecnológico

Atribuir atributos positivos generalizados a uma solução com base em um único aspecto de sucesso. Esse viés ocorre quando o bom desempenho de um elemento específico, como a interface de um software ou a reputação de um fornecedor, contamina a percepção sobre a totalidade do serviço ou produto, criando uma ilusão de excelência abrangente.

No ambiente corporativo, o efeito halo tecnológico é comum quando uma solução de IA impressiona por sua apresentação visual, marketing agressivo ou experiência de usuário amigável. Essas qualidades, embora relevantes, não garantem robustez técnica, escalabilidade, conformidade regulatória ou suporte estratégico, elementos essenciais para projetos de grande porte ou missão crítica. O risco é contratar ou manter soluções que não entregam o desempenho necessário simplesmente porque um aspecto foi excepcional.

Líderes supercríticos aprendem a decompor sua análise: ao avaliar uma solução, examinam de forma independente seus diferentes atributos, como segurança, interoperabilidade, governança de dados, suporte e capacidade de adaptação. O *checklist* multidimensional se torna um antídoto contra o julgamento contaminado por impressões parciais. O mesmo vale para avaliações de pessoas ou times: um alto desempenho em uma dimensão não implica competência transversal.

- Exemplo: um fornecedor de IA conhecido por boa experiência de usuário é contratado para um projeto estratégico, mesmo sem histórico comprovado em escalabilidade ou segurança de dados.

7. Viés de automatismo

Aceitar decisões sugeridas por sistemas automatizados sem questionar premissas, parâmetros ou contexto. Esse viés se intensifica em ambientes que conferem alta autoridade à tecnologia, onde outputs de sistemas de IA são tratados como verdades absolutas, não como insumos a serem interpretados criticamente.

No contexto executivo, isso pode levar a uma perigosa terceirização do julgamento: gestores adotam ações sugeridas por algoritmos sem compreender suas premissas, limitações ou implicações. Isso acontece, por exemplo, quando um modelo recomenda o cancelamento de contratos, ajustes de preços ou a reestruturação de equipes com base em padrões de dados, mas sem considerar fatores qualitativos, culturais ou contextuais.

Para mitigar o viés de automatismo, é essencial restaurar o papel do julgamento humano como etapa final do processo decisório. Isso significa revisar os modelos com espírito crítico, entender os dados utilizados, validar os critérios de ponderação e considerar o impacto humano das decisões sugeridas. Sistemas automatizados devem ser vistos como copilotos, nunca como pilotos autônomos do destino estratégico de uma organização.

Sistemas automatizados devem ser vistos como copilotos, nunca como pilotos autônomos do destino estratégico de uma organização.

- Exemplo: um modelo de logística recomenda cancelar entregas em uma região por ineficiência. A equipe acata sem discutir o impacto em contratos locais ou na reputação com clientes-chave.

8. Viés de conformidade (efeito manada)

Tomar decisões com base no comportamento de outros players do setor, sem análise estratégica própria. Esse viés é impulsionado por dois fatores psicológicos centrais: o medo de estar isolado e a crença de que se muitos estão fazendo algo, aquilo deve ser certo. No mundo corporativo, esse padrão se reflete na adoção acrítica de modismos gerenciais, tecnologias emergentes ou estruturas organizacionais "da moda".

Esse comportamento é especialmente prevalente em mercados com forte pressão por resultados trimestrais ou em ambientes de alta incerteza, onde a insegurança leva os líderes a buscar validação externa. A consequência direta é a homogeneização de estratégias, perda de diferenciação competitiva e adoção de soluções que podem ser incompatíveis com a cultura, estágio ou vocação da organização.

Para neutralizar esse viés, é necessário institucionalizar o questionamento estratégico. Isso envolve perguntar: "Estamos fazendo isso porque é certo para nós ou apenas porque todos estão fazendo?". *Benchmarks* devem servir como referência, não como roteiro. A liderança supercrítica transforma tendências em oportunidades, sem se tornar refém delas.

- Exemplo: um banco lança um assistente virtual apressadamente, apenas porque concorrentes o fizeram, sem validar se o perfil dos seus clientes realmente exige esse canal.

9. Viés de atribuição

Atribuir acertos a si mesmo e erros a fatores externos como o algoritmo ou o mercado. Esse viés de julgamento distorce a percepção de responsabilidade e aprendizado. Quando os resultados são positivos, líderes tendem a se creditar pela performance; quando os resultados são negativos, culpam variáveis externas. Esse padrão reduz a capacidade de aprendizado real e a *accountability* organizacional.

Em ambientes altamente mediados por tecnologia, esse viés pode se agravar: algoritmos que erram são descartados como "falhos"; quando acertam, são interpretados como confirmação da competência do gestor. Essa inconsistência prejudica tanto a evolução dos sistemas quanto a maturidade do processo decisório. Além disso, cria uma cultura organizacional de baixa responsabilização, onde ninguém assume os erros, apenas os acertos.

Mitigar esse viés exige a institucionalização de ciclos de reflexão crítica. Revisões pós-decisão devem ser realizadas com foco em identificar as causas reais dos sucessos e fracassos, independentemente de conveniência política ou vaidade pessoal. O líder supercrítico reconhece que falhas são oportunidades de ajuste fino, tanto dos sistemas quanto da própria abordagem.

- Exemplo: quando um novo modelo de precificação impulsiona vendas, o mérito é da equipe; quando falha, a culpa é "do sistema".

10. Racionalização pós-decisão

Construir justificativas retroativas para decisões mal fundamentadas, em vez de revê-las. Esse viés revela a tendência humana de proteger a autoimagem e a coerência interna, racionalizando escolhas mesmo quando evidências posteriores indicam que foram equivocadas. Em vez de reconhecer erros e redirecionar, líderes caem na armadilha de justificar o injustificável.

No ambiente executivo, isso pode se manifestar na reinterpretação de metas mal-sucedidas como "aprendizados importantes" ou na redefinição retroativa dos critérios de sucesso. Essa racionalização, embora confortável no curto prazo, impede o progresso organizacional, pois esconde falhas que poderiam ser fonte de melhoria contínua. Em vez de corrigir o rumo, ela preserva a ilusão de consistência.

Para evitar esse viés, é essencial institucionalizar ciclos de revisão honesta, promovendo uma cultura que valorize a transparência intelectual. Indicadores objetivos, auditorias cruzadas e a prática de revisão por pares são instrumentos que ajudam a transformar erros em crescimento. O líder supercrítico sabe que mudar de ideia não é fraqueza, é sinal de evolução.

- Exemplo: após uma escolha de tecnologia claramente equivocada, os argumentos mudam: de ganho de performance para ganho de "aprendizado organizacional".

COMO A IA AMPLIFICA OS VIESES

Embora os sistemas de IA sejam frequentemente descritos como objetivos, na prática, eles carregam os dados e as lógicas humanas que os alimentam. Quando mal calibrados ou mal interpretados, os algoritmos podem amplificar os mesmos vieses que pretendem corrigir.

Modelos de recrutamento, por exemplo, que são treinados com dados históricos tendem a reproduzir os mesmos padrões de contratação, excluindo grupos minoritários ou reforçando critérios não transparentes. Um viés humano original se torna, com a IA, um padrão replicado em larga escala.

Além disso, a aura de precisão matemática que envolve os sistemas algorítmicos pode inibir o questionamento. Muitos gestores, ao se depararem com recomendações baseadas em dados, sentem-se menos autorizados a discordar, mesmo quando percebem inconsistências. Essa neutralidade ilusória aumenta o risco de decisões enviesadas passarem despercebidas.

Outro fator preocupante é a opacidade dos algoritmos. Muitas vezes, os modelos de IA operam como caixas-pretas, com estruturas tão complexas que nem mesmo os engenheiros responsáveis conseguem explicar detalhadamente como chegaram a determinado resultado. Essa falta de transparência favorece o viés de automatismo e reduz a probabilidade de auditoria crítica por parte dos gestores.

A personalização algorítmica, embora aumente a eficiência operacional, também contribui para o reforço de bolhas cognitivas. Ferramentas de BI e dashboards ajustados com base nas preferências do usuário podem suprimir alertas indesejados ou obscurecer perspectivas divergentes, reduzindo a diversidade analítica essencial para uma boa tomada de decisão.

Além disso, há um risco cultural: quando a organização internaliza a ideia de que a máquina sabe mais do que a gente, instala-se um ambiente em que a autoridade técnica do algoritmo supera o diálogo, a escuta ativa e o julgamento ético. O resultado é uma perda da autonomia crítica, justamente o oposto do que se espera de uma liderança forte na era digital.

Quando a organização internaliza a ideia de que a máquina sabe mais do que a gente, instala-se um ambiente em que a autoridade técnica do algoritmo supera o diálogo, a escuta ativa e o julgamento ético.

DESENVOLVENDO IMUNIDADE COGNITIVA

O primeiro passo para combater os vieses é reconhecê-los. Líderes que desenvolvem consciência metacognitiva, a capacidade de observar seus próprios pensamentos, tendem a cometer menos erros sistemáticos. No entanto, esse reconhecimento exige mais do que apenas boas intenções: requer práticas concretas, disciplina intelectual e ambientes seguros para a dúvida.

Uma das estratégias mais eficazes é a criação de um espaço deliberado de reflexão antes de decisões críticas. Pausas estratégicas, mesmo que breves, ajudam a desacelerar o raciocínio automático e convidam à revisão de premissas. Da mesma forma, a prática da validação cruzada, isto é, consultar intencionalmente pares com diferentes repertórios, reduz a blindagem cognitiva e amplia o campo de visão da liderança.

Outra técnica poderosa é o *framing* inverso: reformular um problema a partir de perspectivas opostas ou adversas. Se a decisão é expandir um serviço, por exemplo, o líder deve perguntar: Que argumentos sólidos um concorrente teria para nos desaconselhar a seguir por esse caminho? Essa inversão gera desconforto, mas também revela fragilidades ocultas.

Além disso, recomenda-se a institucionalização de *checklists* de vieses. Antes de toda decisão relevante, o líder e sua equipe devem revisar uma lista de erros cognitivos recorrentes, como os dez apresentados neste capítulo, e refletir se algum deles está presente no processo em curso. Esse ritual simples pode prevenir distorções graves e criar uma cultura de vigilância construtiva.

Mais importante do que eliminar os vieses, tarefa virtualmente impossível, é desenvolver imunidade: a capacidade de reconhecê-los em ação e reagir com discernimento. Líderes supercríticos não são imunes por natureza, mas por prática. E é essa prática que distingue a intuição treinada do mero instinto.

Tabela 1 Ferramenta: mapa de vieses cognitivos na liderança.

Viés	Sinal de alerta	Risco típico	Contramedida prática
Confirmação	Ignorar dados que contradizem a hipótese	Decisão enviesada, com falsa segurança	Procurar ativamente dados contrários
Ancoragem	Uso excessivo de estimativas iniciais	Subestimação ou superestimação persistente	Redefinir parâmetros a partir de novo contexto
Excesso de confiança	Subestimar riscos ou incertezas	Exposição a falhas de cálculo estratégico	Simular cenários adversos
Disponibilidade	Foco no que é mais lembrado	Respostas reativas e simplistas	Buscar dados históricos e amostragens amplas
Custo irrecuperável	"Já investimos demais para parar"	Prolongamento de decisões ruins	Focar no valor futuro, não no passado
Halo tecnológico	Generalização de atributos positivos	Superestimação de parceiros ou soluções	Separar performance por dimensão
Automatismo	Aceitação cega de decisões da IA	Implementações descontextualizadas	Interrogar lógica e premissas do modelo
Conformidade (manada)	Decisão por imitação do mercado	Perda de diferenciação estratégica	Avaliar adequação interna antes da adoção
Atribuição	Terceirização de culpa	Falta de *accountability*	Responsabilidade compartilhada e explícita
Racionalização pós-decisão	Justificativas retroativas	Persistência no erro	Adotar cultura de revisão sistemática

EXERCÍCIO DE AUTODIAGNÓSTICO

Pense em uma decisão importante que você tomou nos últimos seis meses com apoio de dados ou IA. Responda:

1. Qual era a premissa principal que guiou sua decisão?
2. Houve alguma informação que você ignorou ou descartou rapidamente?

3. Você consultou alguém com visão divergente antes de decidir?
4. Havia algum investimento emocional ou financeiro que influenciou sua persistência?
5. Qual seria uma justificativa alternativa, se você tivesse tomado outra decisão?

Este exercício ajuda a revelar padrões pessoais de pensamento e traz à luz vieses que, muitas vezes, operam de forma inconsciente.

SÍNTESE DO CAPÍTULO

Neste capítulo, desvendamos os principais vieses que afetam o julgamento dos líderes, inclusive (e especialmente) quando decisões são baseadas em inteligência artificial. Identificamos como a IA pode tanto ocultar quanto amplificar essas distorções e oferecemos estratégias práticas para o desenvolvimento de uma imunidade cognitiva.

A vigilância crítica não é apenas desejável; é essencial. Em um mundo regido por dados, o pensamento distorcido torna-se ainda mais perigoso. O líder supercrítico é aquele que não apenas entende algoritmos, mas compreende a si mesmo. Com essa autoconsciência, avançamos, no próximo capítulo, para as ferramentas formais de avaliação crítica de argumentos e evidências.

4

Avaliação crítica: como julgar argumentos e evidências com rigor

INTRODUÇÃO

Vivemos uma era em que quase toda decisão empresarial pode ser apoiada por algum dado, relatório, modelo preditivo ou recomendação algorítmica. Isso cria a ilusão de que basta "seguir os números" para tomar boas decisões. Mas, como vimos no capítulo anterior, os dados não falam por si: eles precisam ser interpretados, contextualizados, julgados. E é aí que a qualidade do raciocínio executivo faz toda a diferença.

O problema é que, nesse mar de informações, nem tudo o que parece argumento sólido realmente é. Alguns raciocínios se sustentam em evidências frágeis, outros usam premissas enganosas, e muitos são construídos apenas para persuadir, não para esclarecer. A capacidade de discernir bons argumentos dos ruins tornou-se, portanto, uma vantagem competitiva da liderança moderna.

Este capítulo é dedicado a essa habilidade: julgar argumentos com rigor. Vamos entender o que torna um argumento forte, quais tipos de evidência merecem mais ou menos confiança, como a linguagem pode ser usada para manipular ou esclarecer e, sobretudo, como desenvolver uma estrutura prática para aplicar esse julgamento de forma consistente em reuniões, apresentações, relatórios e decisões de alto impacto.

PENSAR COMO CIENTISTA: UMA COMPETÊNCIA EXECUTIVA

Pensar como cientista não significa viver em laboratórios ou escrever artigos acadêmicos. Significa aplicar, no cotidiano executivo, a mesma lógica de investigação, teste e revisão que move a ciência. O cientista não parte de certezas, parte de perguntas. Ele formula hipóteses, testa ideias com dados e está sempre disposto a revisar conclusões diante de novas evidências. Esse modo de pensar é exatamente o que se espera de um líder crítico na era da informação excessiva e da inteligência artificial.

> **Pensar como cientista não significa viver em laboratórios ou escrever artigos acadêmicos. Significa aplicar, no cotidiano executivo, a mesma lógica de investigação, teste e revisão que move a ciência.**

Executivos que pensam como cientistas desenvolvem tolerância à ambiguidade. Em vez de buscar decisões rápidas baseadas em intuições ou pressões de curto prazo, sustentam o desconforto produtivo da dúvida enquanto reúnem evidências sólidas. Sabem que agir rápido não é o mesmo que agir bem e que a pressa muitas vezes é inimiga da verdade. Em contextos de alta complexidade, onde os problemas são mal definidos e multidimensionais, essa abordagem se torna um diferencial competitivo.

Mais do que isso, o pensamento científico protege os líderes contra as armadilhas do ego e da vaidade intelectual. Ao assumir que toda decisão é, em alguma medida, uma hipótese sujeita a revisão, o executivo cria uma cultura em que errar cedo e corrigir rápido é melhor do que insistir em ilusões de consistência. Isso favorece ambientes inovadores, colaborativos e resilientes, onde o aprendizado contínuo substitui a rigidez hierárquica.

Por fim, pensar como cientista é cultivar a disciplina da humildade epistêmica: saber que nunca se sabe o suficiente e que o mundo está em constante mudança. É por isso que essa mentalidade é tão valiosa para líderes modernos. Ela os torna menos suscetíveis a modismos, mais criteriosos com evidências e mais capazes de tomar decisões éticas, eficazes e adaptativas. Na prática, é essa disposição para questionar e testar que diferencia o gestor comum do líder supercrítico.

O QUE TORNA UM ARGUMENTO FORTE OU FRACO?

Todo argumento é uma tentativa de convencer alguém de algo com base em razões. Em sua estrutura básica, um argumento é composto por premissas (as razões) e uma conclusão (o que se deseja sustentar). Julgar bem um argumento é, essencialmente, avaliar a força lógica e factual dessa conexão: as premissas realmente sustentam a conclusão? As premissas são verdadeiras ou ao menos plausíveis? Há coerência interna entre os elementos?

Do ponto de vista do pensamento crítico, um argumento só é forte se cumpre três condições fundamentais:

1. **Validade lógica:** a conclusão decorre de maneira coerente das premissas. Mesmo que as premissas não sejam necessariamente verdadeiras, a estrutura do argumento precisa ser logicamente consistente.
2. **Veracidade das premissas:** os fatos, dados ou premissas utilizados são reais, verificáveis ou plausíveis.
3. **Relevância das premissas:** as razões apresentadas têm relação direta com a conclusão. Não basta serem verdadeiras; precisam ser pertinentes.

Vamos a um exemplo simples:

- **Premissa 1:** Todas as empresas que inovam crescem mais rápido.
- **Premissa 2:** Nossa empresa está inovando.
- **Conclusão:** Logo, nossa empresa crescerá mais rápido.

O argumento é logicamente válido, mas a solidez depende da veracidade e da relevância das premissas. A primeira é generalizante (talvez exagerada). A segunda é vaga (o que significa "inovar"?). E a conclusão depende de fatores como execução, *timing* e mercado. À primeira vista, o argumento convence; sob análise, revela fragilidades.

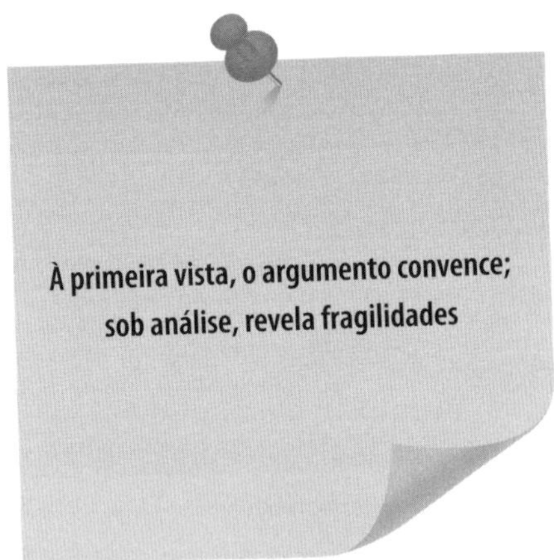

Outro exemplo:

- **Premissa 1:** Nossa empresa tem 40 anos de história.
- **Premissa 2:** Somos líderes em nosso mercado regional.
- **Conclusão:** Devemos investir em inteligência artificial.

Ambas as premissas podem ser verdadeiras, mas são irrelevantes para a decisão de investir em IA. O argumento não estabelece uma conexão lógica entre a experiência passada e a pertinência do investimento proposto. Portanto, é um argumento fraco por falta de relevância.

No contexto executivo, bons argumentos são aqueles que não apenas "fazem sentido", mas resistem a escrutínio. Eles sustentam decisões estratégicas em bases claras, auditáveis e robustas. Já argumentos frágeis, mesmo os mais eloquentes, podem levar a erros com alto custo. Um líder supercrítico sabe que toda decisão começa com uma pergunta: "Este argumento se sustenta de verdade?".

TIPOS DE EVIDÊNCIA: QUAIS SÃO MAIS CONFIÁVEIS?

Nem toda evidência tem o mesmo peso. Em decisões críticas, seja no mundo corporativo, acadêmico ou pessoal, entender os diferentes tipos de evidência é essencial para julgar um argumento com rigor. Algumas evidências são mais robustas, outras são apenas sedutoras. O julgamento crítico começa por reconhecer essa diferença.

Mas não basta reconhecer o tipo de evidência. Líderes que tomam decisões melhores adotam uma mentalidade científica: duvidam de premissas estabelecidas, buscam evidências sólidas, conduzem testes quando possível e permanecem abertos a mudar de opinião diante de novos dados. Isso é o coração da chamada gestão baseada em evidências, que propõe avaliar fontes de informação com base em quatro pilares: a evidência científica disponível, os dados organizacionais, a expertise dos tomadores de decisão e as necessidades e valores das partes interessadas. Um argumento que se sustenta apenas em um desses pilares é frágil; quanto mais fontes de evidência forem integradas criticamente, mais robusta será a decisão.

Além disso, a hierarquia das evidências deve orientar as escolhas. Em geral, experimentos bem conduzidos e revisões sistemáticas são mais confiáveis do que estudos de caso isolados ou opiniões de especialistas. Evidência quantitativa com validade estatística tende a ser mais generalizável do que dados qualitativos subjetivos, embora ambos possam ser úteis, desde que adequadamente enquadrados. O que distingue o líder crítico é sua capacidade de pesar essas diferenças e não se deixar seduzir apenas pelo que confirma sua preferência.

Por fim, boas evidências são sempre transparentes, auditáveis e atualizadas. O gestor deve se perguntar: Posso rastrear a origem dessa informação? Esse dado foi produzido com que objetivo? Ele ainda reflete o contexto atual? A evidência confiável nunca se apresenta como definitiva, mas como parte de um raciocínio que pode e deve ser discutido, testado e, se necessário, revisado.

A seguir, discutimos os tipos de evidência:

1. Evidência empírica

É a evidência observável, coletada diretamente da realidade: dados de mercado, indicadores financeiros, testes A/B, relatórios operacionais. É a base mais sólida para decisões, porque se ancora na experiência concreta, desde que a coleta seja rigorosa e os dados bem interpretados.

- Exemplo: uma empresa decide suspender uma campanha de mídia. A decisão se baseia em uma queda persistente no ROI da campanha, mesmo após ajustes no mix de canais. Isso é evidência empírica agindo sobre a ação.
- Atenção: líderes que agem como cientistas não apenas reagem aos dados; eles formulam hipóteses testáveis (se reduzirmos a frequência, o custo por aquisição deve cair), executam experimentos controlados e comparam os resultados com cenários alternativos.

2. Evidência estatística

É a generalização baseada em números: médias, correlações, distribuições. Ajuda a identificar padrões, mas exige discernimento. Correlação não é causalidade, e muitas análises ignoram variáveis ocultas ou contextos específicos.

- Exemplo: empresas com maior diversidade têm desempenho 20% superior. Essa evidência pode ser estatisticamente verdadeira, mas requer exame: há controle de setor, porte, geografia? A diversidade é causa ou consequência do bom desempenho?
- Atenção: perguntas críticas: o que exatamente foi medido? O que foi ignorado?

3. Evidência anedótica

É baseada em experiências isoladas. Tem forte apelo retórico, mas baixo valor analítico. É frequente em reuniões, apresentações e *pitches*.

- Exemplo: na minha startup anterior, simplificamos o *onboarding* e dobramos a conversão.
- Atenção: cuidado para não confundir exceção com regra. Líderes com mentalidade científica valorizam esses relatos como sinais, não como provas. O passo seguinte é transformar o relato em hipótese e testar sua validade com dados amplos e contextos variados.

4. Evidência de autoridade

É quando se cita uma fonte reconhecida: especialistas, consultorias, líderes renomados. Pode ser útil, mas nunca deve encerrar o debate. Autoridade não substitui evidência.

- Exemplo: segundo a McKinsey, os consumidores digitais são menos fiéis às marcas. Isso é o ponto de partida, não o ponto final. É preciso entender como o estudo foi feito, com quais premissas e se o contexto analisado se aplica à sua realidade.
- Atenção: o argumento deve ser mais forte que o nome que o sustenta.

5. Evidência lógica

É a coerência interna de um raciocínio. A conclusão decorre das premissas, sem contradições. Embora não seja prova, é a espinha dorsal de qualquer argumento sólido.

- Exemplo: se o plano estratégico da empresa pressupõe crescimento orgânico e a estrutura atual não suporta esse crescimento, então é necessário investir em capacidade interna.
- Atenção: um argumento pode ser logicamente válido, mas baseado em premissas falsas. A mente científica testa cada premissa como se fosse uma hipótese, buscando falsificá-la em vez de confirmá-la.

6. Evidência baseada em modelos ou algoritmos

São simulações e inferências geradas a partir de grandes volumes de dados. Seu valor depende da qualidade do modelo e das suposições adotadas. A IA pode fornecer *insights* poderosos, mas também pode reproduzir padrões enviesados.

- Exemplo: um modelo de precificação prevê que, ao reduzir o preço de um produto, o volume de vendas compensará a perda de margem. A estratégia é adotada, mas falha porque o modelo ignorava o impacto na percepção de valor.
- Atenção: perguntas críticas: esse modelo é explicável? Quais dados o alimentaram? Os resultados foram validados empiricamente?

7. Evidência experimental (testes controlados)

Consiste na criação de testes A/B ou experimentos em ambientes controlados para verificar o impacto de uma variável. Essa é uma das formas mais confiáveis de evidência prática, pois permite isolar causas e efeitos.

- Exemplo: uma equipe de produto testa duas versões de uma *landing page* com clientes reais para verificar qual gera mais conversão antes de escalar a solução para toda a base.
- Atenção: empresas que adotam cultura de experimentação aprendem mais rápido, falham de forma controlada e ajustam rotas com base em aprendizado real, não em opiniões ou modismos.

8. Evidência histórica

É o uso de experiências passadas para fundamentar decisões. Pode vir da própria empresa ou de *benchmarks* de outras organizações. Embora útil, pode levar ao erro quando aplicada fora do contexto original.

- Exemplo: um executivo propõe copiar uma estratégia que funcionou bem em 2018, desconsiderando que o mercado, o perfil do cliente e a concorrência mudaram desde então.
- Atenção: o passado é um guia, não um mapa. A mentalidade científica exige atualização constante das premissas que sustentam essas referências.

9. Evidência subjetiva ou emocional

Intuições, percepções e impressões pessoais também influenciam decisões. Embora não possam ser descartadas, devem ser tratadas como hipóteses a serem testadas, não como verdades.

- Exemplo: um gerente sente que um colaborador não está engajado, mesmo sem indicadores objetivos. Isso pode ser um sinal útil, desde que seja complementado por dados e diálogo com o colaborador.
- Atenção: intuição é ponto de partida, não de chegada. Um bom líder sabe quando questioná-la e quando confiar nela.

10. Evidência integrada com base na lógica da EBM (Gestão Baseada em Evidências)

Trata-se da prática deliberada de combinar múltiplas fontes de evidência de forma crítica e contextualizada. A EBM propõe considerar: (1) a melhor evidência científica, (2) dados internos, (3) julgamento de especialistas e (4) valores das partes interessadas.

- Exemplo: ao decidir adotar um novo modelo de trabalho híbrido, um líder consulta estudos científicos sobre produtividade, analisa dados de desempenho da própria equipe, ouve especialistas e promove escuta ativa com colaboradores.
- Atenção: nenhuma fonte isolada basta. A força da decisão vem da triangulação coerente entre dados, ciência, experiência e valores humanos.

Para selecionar boas evidências, líderes devem aplicar os princípios da Gestão Baseada em Evidências, que propõe avaliar fontes com base em quatro pilares: a evidência científica disponível, os dados organizacionais, a expertise dos tomadores de decisão e as necessidades e valores das partes interessadas. Um argumento forte integra essas quatro dimensões, não se apoia em apenas uma.

Além disso, a hierarquia das evidências deve orientar as escolhas. Em geral, experimentos bem conduzidos e revisões sistemáticas são mais confiáveis do que estudos de caso isolados ou opiniões de especialistas. O pensamento crítico consiste justamente em atribuir peso proporcional a cada tipo de fonte, dependendo da questão que se está tentando resolver.

Por fim, boas evidências são sempre transparentes, auditáveis e atualizadas. O gestor deve se perguntar: Posso rastrear a origem dessa informação? Esse dado foi produzido com que objetivo? Ele ainda reflete o contexto atual? A evidência confiável nunca se apresenta como definitiva, mas como parte de um raciocínio que pode e deve ser discutido, testado e, se necessário, revisado.

EVIDÊNCIA OU SUPOSIÇÃO? A FRONTEIRA QUE O EXECUTIVO PRECISA DOMINAR

Uma das armadilhas mais comuns no mundo corporativo é tratar suposições como se fossem evidências. Suposições são crenças, percepções ou ideias que parecem razoáveis, mas que ainda não foram testadas ou confirmadas. Evidências, por outro lado, são elementos verificáveis, observáveis e auditáveis que sustentam uma decisão com base em realidade empírica ou lógica robusta. Confundir uma com a outra é um erro que pode custar caro.

Uma das armadilhas mais comuns no mundo corporativo é tratar suposições como se fossem evidências.

Executivos que confundem suposições com evidências tomam decisões baseadas em hábitos, opiniões pessoais ou impressões subjetivas, acreditando que estão agindo racionalmente. Isso é especialmente perigoso quando essas suposições são compartilhadas culturalmente dentro da empresa, pois ganham status de verdades corporativas sem jamais terem sido validadas. Um exemplo clássico é o "nossos clientes valorizam principalmente o preço", que pode ser uma suposição, e não uma evidência, se não for respaldado por dados reais de pesquisa.

A fronteira entre suposição e evidência fica ainda mais turva quando a linguagem utilizada camufla a incerteza. Expressões como "sabemos que...", "o mercado exige..." ou "está claro que..." podem sugerir evidência onde só há inferência. A vigilância crítica exige que o executivo questione: Como sabemos isso? Qual é a fonte? O que confirma essa afirmação? Essa atitude transforma o ambiente decisório de um espaço de crença para um ecossistema de teste e validação.

Separar evidência de suposição também exige disciplina metodológica. Isso significa que, diante de toda afirmação estratégica, a liderança deve categorizar a base da decisão: isso vem de dados concretos? De experiências replicáveis? De modelos explicáveis? Ou é uma hipótese não verificada que estamos tratando como fato? Essa categorização explícita fortalece a integridade do processo decisório.

Por fim, uma organização que cultiva essa distinção cria um diferencial competitivo poderoso. Em vez de reagir por instinto ou repetir fórmulas passadas, ela opera com clareza epistemológica, isto é, sabe o que sabe, sabe o que não sabe e sabe o que precisa testar. Esse tipo de liderança não elimina riscos, mas os gere com inteligência. E, sobretudo, constrói estratégias com base no que é real, não no que apenas parece ser.

O PAPEL DAS EMOÇÕES E DA LINGUAGEM NA PERSUASÃO

Muitos argumentos corporativos não são vencidos pela força das evidências, mas pela força da linguagem. A forma como algo é dito, o tom, a escolha das palavras e a estrutura retórica frequentemente influenciam mais do que o conteúdo real. Executivos precisam estar atentos a como a emoção, a autoridade e a estética do discurso podem ocultar falhas lógicas e substituir a análise crítica pela adesão inconsciente.

A retórica emocional é uma das ferramentas mais poderosas e perigosas da persuasão. Ela apela ao medo, à esperança, à urgência ou à lealdade, criando um senso de ação inadiável. Frases como "não podemos ficar para trás" ou "o mercado não vai esperar" acionam gatilhos emocionais que muitas vezes impedem uma análise racional dos riscos e alternativas. Um líder supercrítico reconhece esse tipo de linguagem e freia decisões precipitadas ao trazer o foco de volta para as evidências e premissas.

Outro recurso comum é o apelo à autoridade: citar nomes de grandes empresas, consultorias renomadas ou líderes carismáticos para legitimar argumentos. Embora referências possam enriquecer uma discussão, elas não substituem a consistência lógica nem a aplicabilidade contextual. "A Amazon fez isso" não é um argumento; é um convite à análise crítica do que fez sentido naquele contexto e se os mesmos fatores se aplicam à realidade da sua organização.

A manipulação narrativa também é frequente. Apresentar uma história envolvente, com começo, meio e fim, cria identificação emocional com o argumento e favorece sua aceitação. No entanto, histórias são seleções de fatos, e o que é deixado de fora pode ser tão importante quanto o que é incluído. Cabe ao líder crítico perguntar: essa narrativa é representativa? Há dados que confirmam ou desafiam essa história? Quais outros pontos de vista estão ausentes aqui?

Em suma, a linguagem pode ser uma aliada da clareza ou uma cortina de fumaça. O executivo supercrítico não rejeita a persuasão, ele a compreende, desarma seus excessos e recoloca a racionalidade no centro das decisões. Entende que boas ideias não precisam gritar para convencer: elas se sustentam quando questionadas, se fortalecem quando expostas e permanecem válidas mesmo quando o brilho retórico se apaga.

Boas ideias não precisam gritar para convencer: elas se sustentam quando questionadas, se fortalecem quando expostas e permanecem válidas mesmo quando o brilho retórico se apaga.

FERRAMENTA: *CHECKLIST* DE AVALIAÇÃO CRÍTICA DE ARGUMENTOS

1. A conclusão está claramente definida? O que exatamente está sendo afirmado ou proposto?
2. As premissas são verificáveis? Há dados, documentos, experiências concretas ou apenas suposições e percepções?
3. Existe relação lógica entre premissas e conclusão? O raciocínio é válido ou há saltos de lógica?

4. Há evidência suficiente e relevante? As fontes são diversas, atuais, confiáveis e bem interpretadas?
5. A linguagem é neutra ou carregada emocionalmente? Palavras como "obviamente", "claramente", "sem dúvida" mascaram fragilidade argumentativa?
6. Há apelo indevido à autoridade? O argumento se sustenta por si ou apenas por quem o defende?
7. Os contra-argumentos foram considerados? Há análise crítica de alternativas ou apenas reforço da proposta original?
8. Quais suposições estão sendo feitas? O que está sendo tomado como certo sem questionamento?
9. O contexto foi analisado adequadamente? As conclusões se aplicam à realidade da empresa, do mercado ou da cultura específica?
10. Existe transparência sobre riscos e incertezas? O argumento explicita limitações ou tenta parecer absoluto?

Este *checklist* serve como uma ferramenta prática para reuniões estratégicas, apresentações de projetos, análise de relatórios e tomadas de decisão em todos os níveis. Ao adotá-lo regularmente, o líder desenvolve o hábito de pensar criticamente e de exigir rigor argumentativo de sua equipe e de si mesmo.

EXERCÍCIO DE APLICAÇÃO

Considere o seguinte argumento comum em ambientes corporativos:

"Devemos investir imediatamente em inteligência artificial porque nossos concorrentes já estão fazendo isso."

Aparentemente simples, esse argumento pode ser desconstruído com a ajuda do *checklist*. A conclusão está claramente definida? Sim: investir em IA. Mas quais são as premissas? Que os concorrentes estão adotando, que há urgência e que isso automaticamente implica valor. Essas premissas foram verificadas? Foi feito um estudo comparativo com os concorrentes? A IA está, de fato, trazendo retorno para eles? Existem outros caminhos alternativos?

A relação lógica entre premissas e conclusão é fraca: o fato de outros fazerem não prova que seja a melhor decisão para sua organização. Pode haver apelo à autoridade ou efeito manada. E onde está a evidência de que a empresa está preparada técnica, cultural e estrategicamente para adotar a tecnologia com eficácia?

O exercício convida o leitor a aplicar cada uma das dez perguntas do *checklist* a esse tipo de argumento e, depois, fazer o mesmo com um argumento real da sua própria organização. O objetivo não é invalidar ideias por instinto, mas fortalecê-las por meio de questionamento rigoroso. Um argumento que resiste a esse tipo de análise torna-se mais robusto, mais transparente e mais legítimo diante da equipe e dos *stakeholders*.

SÍNTESE DO CAPÍTULO

Neste capítulo, exploramos o núcleo da avaliação crítica no processo decisório executivo. Discutimos o que torna um argumento forte ou fraco, como classificar e hierarquizar diferentes tipos de evidência e a importância de separar fatos de suposições. Vimos ainda como emoções e linguagem podem influenciar julgamentos e como combater esse efeito com disciplina cognitiva.

Por meio do *checklist* proposto e do exercício de aplicação, buscamos oferecer não apenas reflexão, mas também instrumentos concretos de ação. O pensamento crítico, quando aplicado de forma sistemática, eleva a qualidade das decisões, expande a autonomia do gestor e fortalece a legitimidade das escolhas diante de equipes e *stakeholders*.

A inteligência artificial e a abundância de dados não substituem o discernimento humano; ao contrário, tornam-no ainda mais necessário. E esse discernimento nasce da habilidade de avaliar argumentos com rigor, resistir a narrativas frágeis e sustentar a dúvida produtiva até que a evidência seja suficiente.

O próximo capítulo mergulhará no uso estratégico de perguntas, a ferramenta mais poderosa do pensamento crítico aplicado à liderança.

5

Inteligência artificial generativa: uso crítico e decisões com responsabilidade

INTRODUÇÃO

Vivemos um momento em que ferramentas de inteligência artificial generativa, como modelos de linguagem, imagem e código, estão deixando de ser curiosidades tecnológicas para se tornarem parte do cotidiano profissional. Elas redigem relatórios, resumem reuniões, respondem e-mails, geram ideias, produzem *insights*. A promessa é clara: mais velocidade, mais produtividade, menos esforço. Mas essa promessa esconde um risco sutil: abrir mão do pensamento crítico justamente quando ele se torna mais necessário.

A facilidade e a fluidez das respostas geradas por IA podem dar uma falsa sensação de precisão, profundidade e neutralidade. Quando tudo soa convincente, o discernimento se torna opcional. Quando tudo é automatizável, a responsabilidade se dilui. Executivos pressionados por tempo e resultados podem cair na armadilha de aceitar respostas artificiais como se fossem sabedoria analítica, sem se perguntar quem está por trás, com quais dados, com quais vieses, com quais omissões.

Este capítulo convida à pausa antes do uso. Em vez de rejeitar a IA ou adotá-la com deslumbramento, propomos um caminho crítico: como pensar com ela, sem pensar como ela. Como integrá-la aos processos decisórios com consciência, critérios e limites claros. Como manter o humano no centro não da execução, mas do julgamento. Porque delegar tarefas pode ser eficiente; delegar discernimento, nunca.

POR QUE A IA GENERATIVA EXIGE UMA VIGILÂNCIA CRÍTICA DIFERENTE

A inteligência artificial generativa representa uma ruptura não apenas tecnológica, mas também cognitiva. Ao contrário de sistemas tradicionais de IA, que operam com base em regras explícitas, cálculos rastreáveis ou decisões lógicas previsíveis, os modelos generativos funcionam por padrões estatísticos aprendidos em vastas quantidades de dados, produzindo textos, imagens ou códigos com fluência impressionante, mas sem compreensão real do conteúdo. O resultado é um fenômeno inédito: respostas que parecem certas, mesmo quando estão completamente erradas.

O resultado é um fenômeno inédito: respostas que parecem certas, mesmo quando estão completamente erradas.

Esse é o primeiro motivo para uma vigilância crítica mais intensa: a ilusão de autoridade e coerência. A IA generativa não hesita, não demonstra dúvida, não qualifica suas afirmações com graus de certeza. Entrega narrativas plausíveis, muitas vezes com vocabulário técnico, tom assertivo e fluidez impecável, tudo isso contribui para o chamado "efeito oráculo": a tendência humana de confiar no que soa confiante. Isso exige do usuário não apenas conhecimento do tema, mas consciência metacognitiva para pausar e perguntar: "isso faz sentido?", "isso é verificável?", "isso é testável?".

Além disso, há o problema da opacidade algorítmica. A maioria dos modelos generativos não revela quais fontes foram usadas, quais dados estão na base da resposta ou quais premissas orientaram a construção daquela ideia. Isso dificulta, ou mesmo impede, a auditoria do conteúdo produzido. Em contextos executivos, essa opacidade pode levar a decisões mal fundamentadas, à replicação de preconceitos estruturais ou a estratégias baseadas em premissas erradas, sem que se perceba a origem do erro.

Outro fator crítico é a aceleração do raciocínio superficial. Quando se tem uma ferramenta que responde com velocidade e aparência de profundidade, a tentação de "delegar o pensar" é real. O executivo pressionado por prazos pode transformar a IA em bússola, em vez de usá-la como mapa auxiliar. O risco não é usar a IA; é não revisar criticamente o que ela entrega. É como aceitar a primeira opinião de um conselheiro que fala bem, mas que nunca é questionado.

Por fim, a IA generativa desloca a responsabilidade da decisão. Quando um conteúdo é gerado por uma máquina, quem responde por ele? Em muitas organizações, surge uma zona cinzenta entre "a máquina disse" e "eu escolhi". Essa ambiguidade pode ser perigosa, especialmente quando decisões envolvem impactos éticos, estratégicos ou reputacionais. Pensamento crítico, nesse contexto, significa reassumir a responsabilidade pelo julgamento final. A IA pode sugerir; só o humano decide.

O PARADOXO DA EFICIÊNCIA: QUANDO A PRODUTIVIDADE COMPROMETE A PROFUNDIDADE

A inteligência artificial generativa trouxe ganhos reais de produtividade: tarefas antes demoradas, como escrever relatórios, planejar campanhas ou organizar ideias, agora são feitas em minutos. No entanto, esse salto de eficiência esconde um dilema invisível: quanto mais rápido fazemos, menos tempo temos para pensar profundamente. A fluidez da IA não apenas encurta o tempo de execução, mas muitas vezes encurta também o tempo de reflexão.

Esse é o paradoxo. A mesma ferramenta que aumenta a produção pode comprometer a qualidade do raciocínio. Quando tudo pode ser gerado em segundos, a tentação de aceitar a primeira resposta se torna forte. Em vez de revisar, reestruturar, comparar alternativas ou investigar nuances, líderes se veem decidindo a partir de conteúdos prontos, supostamente "bons o suficiente". Mas, na liderança estratégica, o "bom o suficiente" pode não ser suficiente, pode ser perigoso.

> **Na liderança estratégica, o "bom o suficiente" pode não ser suficiente, pode ser perigoso.**

Além disso, a abundância de conteúdo gerado automaticamente pode criar uma nova forma de superficialidade: lideranças que opinam com base em *outputs* artificiais, sem discernimento sobre o que realmente está sendo dito. Quando os gestores confiam demais na IA, podem perder o traço mais valioso da liderança crítica: a capacidade de discernir o essencial do acessório, o profundo do aparente, o verdadeiro do conveniente.

A produtividade se torna um risco quando substitui o pensamento. E isso não é apenas um problema individual; é organizacional. Empresas podem habituar-se a decidir em alta velocidade, com base em materiais "automatizados", e esquecer o valor do debate, da revisão, da pausa estratégica. Velocidade, sem consciência crítica, vira pressa. E pressa, em ambientes complexos, é uma forma de cegueira.

Por isso, o uso responsável da IA generativa exige mais do que eficiência operacional. Exige um pacto com a profundidade: tempo para revisar, espaço para duvidar, humildade para refinar. A tecnologia pode acelerar a produção; só a liderança crítica eleva a qualidade do pensamento.

IA COMO EXTENSÃO DO RACIOCÍNIO, NÃO COMO SUBSTITUTO

O erro mais comum no uso da IA generativa é tratá-la como substituto do pensamento humano, e não como extensão cognitiva. Assim como uma planilha não substitui a capacidade analítica de um gestor, apenas a potencializa, a IA não deve tomar o lugar da reflexão crítica: deve ampliá-la. Ela organiza, sintetiza, projeta; mas não julga, não pondera, não escolhe com sabedoria. Quem faz isso é o ser humano.

Pensar com a IA, e não por ela, exige nova mentalidade executiva. Não basta perguntar "o que a IA respondeu?". É preciso ir além: "em que essa resposta me ajuda a pensar melhor?", "quais as limitações dessa sugestão?", "o que está faltando aqui que só minha experiência percebe?". A IA entrega versões do mundo; é a consciência crítica que avalia qual delas faz sentido diante do contexto, dos valores e dos objetivos em jogo.

Esse uso como extensão implica curadoria ativa. A IA pode gerar dezenas de opções, ideias, hipóteses, e isso só tem valor quando o líder filtra, seleciona, combina e tensiona as alternativas. A criatividade crítica surge na interseção entre o que a máquina sugere e o que o humano escolhe, ajusta e transforma. A IA acelera a geração de ideias; o discernimento decide quais merecem avançar.

Outro ponto essencial: usar a IA como extensão do raciocínio também significa simular e testar, não apenas confirmar. Um líder crítico pode pedir à IA que gere contra-argumentos à sua estratégia, que exponha riscos ocultos de uma proposta ou que redija mensagens a partir de diferentes tons e públicos. Nessa lógica, a IA vira um espelho intelectual, não um oráculo.

Ao tratar a IA como parceira de raciocínio, e não como autoridade final, o líder assume o papel de editor, não de copiador; de pensador, não de seguidor. Assim, transforma a IA em aliada da decisão, e não em ameaça ao pensamento.

COMO USAR IA PARA PERGUNTAR MELHOR, NÃO APENAS RESPONDER MAIS

O verdadeiro poder da IA generativa não está apenas em responder, mas em nos ajudar a perguntar melhor. Quando líderes interagem com IA só como fonte de respostas, reproduzem um padrão passivo. Quando a usam como laboratório de hipóteses, espelho de ideias ou provocadora de alternativas, transformam a tecnologia em ferramenta de raciocínio crítico.

Fazer boas perguntas à IA exige intenção estratégica. Em vez de "qual é a melhor estratégia de marketing?", prefira: "quais riscos negligenciados existem em estratégias com alto foco em performance?" ou "como diferentes perfis culturais percebem campanhas baseadas em urgência?". São perguntas que não buscam uma única resposta, mas múltiplas perspectivas.

Mais do que respostas prontas, o líder crítico busca respostas que o façam pensar melhor. Isso significa formular *prompts* que desafiem o senso comum, explorem contradições, testem premissas e revelem dilemas. A IA, bem usada, pode gerar contrapontos, oferecer visões laterais ou simular o ponto de vista de um *stakeholder* ausente na mesa, como um cliente, concorrente ou um regulador.

Além disso, o uso crítico da IA passa por refinar as perguntas a partir das respostas. Um processo interativo saudável envolve ciclos: a pergunta inicial provoca uma resposta, que gera nova pergunta, e assim por diante. Conduzido com intenção, esse ciclo aproxima a IA de um parceiro dialógico. O executivo deixa de buscar atalhos para o pensar e passa a trilhar um caminho de reflexão assistida.

Por fim, o hábito de fazer perguntas melhores com a IA treina o cérebro para perguntar melhor também sem ela. A prática de formular, refinar e testar perguntas com uma máquina cria musculatura crítica que se transfere para o diálogo humano, para o trabalho em equipe, para a análise de risco.

A prática de formular, refinar e testar perguntas com uma máquina cria musculatura crítica que se transfere para o diálogo humano, para o trabalho em equipe, para a análise de risco.

Nesse sentido, usar bem a IA é também uma forma de aumentar a qualidade do pensamento analógico, e não apenas digital.

CRITÉRIOS PARA AVALIAÇÃO DA QUALIDADE DE SAÍDAS GERADAS POR IA

Nem toda resposta gerada por IA generativa merece confiança, mesmo quando soa convincente. Fluência textual, vocabulário elegante e aparente estrutura lógica podem esconder lacunas, imprecisões ou enviesamentos. Aplique critérios claros:

- **Clareza conceitual**: o texto apresenta definições precisas ou recorre a generalidades? Um conteúdo útil deve delimitar conceitos-chave com objetividade, evitando jargões vazios ou afirmações vagas. Pergunte: "O que exatamente está sendo dito aqui?"
- **Fundamentação lógica**: a conclusão decorre de premissas bem construídas? Ou há saltos argumentativos? Respostas convincentes, mas ilógicas, podem parecer robustas e induzir a erro. Verifique se o raciocínio tem consistência interna.
- **Adequação ao contexto**: a IA muitas vezes responde com base em padrões genéricos. É fundamental perguntar: "Essa proposta se aplica ao meu setor? Ao meu público? Ao meu momento?" O que serve para uma startup de tecnologia pode não fazer sentido em uma cooperativa de saúde.

Qualidade das fontes implícitas**:** embora muitas IA generativas não citem fontes diretamente, suas respostas derivam de padrões extraídos de grandes bases de texto. O usuário crítico deve identificar se o conteúdo reflete visões amplamente validadas ou se ecoa vieses comuns da internet.

- **Originalidade e valor analítico:** o conteúdo apenas repete lugares-comuns ou oferece uma leitura diferenciada? Respostas realmente úteis ajudam a reconfigurar a forma como o problema é entendido, revelando ângulos novos e implicações que talvez não tivessem sido percebidas.
- **Sinais de alucinação ou erro factual:** IA generativas ainda cometem o que se chama de "alucinação": produzir dados, nomes, leis ou estatísticas que parecem reais, mas são fictícios. Sempre que houver referência a fatos, datas, eventos ou autores, é prudente verificar em fontes confiáveis.

Esses critérios formam um filtro intelectual. Com eles, o líder passa a usar a IA não como caixa de respostas, mas como matéria-prima para reflexão qualificada. Mais do que aceitar o conteúdo gerado, o desafio é refiná-lo, e só líderes com pensamento crítico conseguirão transformar quantidade de informação em qualidade de decisão.

FRAMEWORK: SEIS PERGUNTAS PARA USO CRÍTICO DA IA GENERATIVA

Para transformar a IA generativa em uma parceira confiável no processo decisório, é fundamental adotar uma postura ativa, questionadora e estratégica. O seguinte *framework* propõe seis perguntas-chave que executivos devem se fazer sempre que utilizarem respostas geradas por IA:

1. **Qual foi exatamente o *prompt* que gerou essa resposta?**
   Por que perguntar: muitas respostas inadequadas são consequência de perguntas mal formuladas. Entender (e revisar) o *prompt* original permite identificar lacunas, suposições embutidas ou ambiguidade que contaminam o resultado.

2. **Quais premissas estão implícitas nesta resposta?**
   Por que perguntar: a IA geralmente opera sobre premissas genéricas, muitas vezes não explicitadas. Identificar essas suposições ajuda o usuário a perceber se elas fazem sentido no seu contexto real e a substituí-las por premissas mais adequadas.

3. **O que foi deixado de fora, e por quê?**
   Por que perguntar: uma das maiores limitações da IA é sua tendência a ignorar o que não é perguntado. Ao refletir sobre o que não foi incluído, o líder pode identificar lacunas críticas, pontos de vista ausentes e variáveis relevantes que precisam ser reinseridas.

4. **Essa resposta é suficientemente específica para o meu contexto?**
   Por que perguntar: a IA tende a oferecer respostas genéricas, projetadas para ampla aplicabilidade. O executivo precisa adaptar, tensionar e aprofundar o conteúdo para que ele realmente sirva à sua realidade, e não ao "mundo médio" das respostas padrão.

5. **O que preciso validar antes de usar essa resposta?**
   Por que perguntar: mesmo que uma resposta pareça razoável, pode conter erros factuais, vieses culturais ou sugestões arriscadas. Essa pergunta ativa o modo de verificação: o que deve ser conferido antes de implementar ou apresentar?

6. **Como posso aprimorar ou expandir essa resposta com minha experiência e visão crítica?**
   Por que perguntar: a IA é um ponto de partida, não de chegada. O executivo precisa integrar sua intuição, experiência e julgamento para melhorar, ajustar e dar direção estratégica ao conteúdo gerado.

Este conjunto de perguntas transforma o uso da IA de uma tarefa operacional em um exercício de pensamento de alto nível. É uma forma prática de aplicar o pensamento crítico no dia a dia, não apenas para evitar erros, mas para extrair valor real das ferramentas de IA, de forma ética, contextualizada e responsável.

EXERCÍCIO

Objetivo

- Desenvolver a habilidade de avaliar, ajustar e aprimorar respostas de IA a partir dos critérios e perguntas críticas discutidos no capítulo.

Etapas

1. **Escolha** uma decisão ou desafio real da sua área de atuação. Pode ser, por exemplo: "Como reduzir a rotatividade da equipe?", "Como melhorar a conversão de leads?" ou "Quais são os riscos de implementar um novo sistema de IA?"
2. **Formule** uma pergunta clara e direta para a IA generativa. Por exemplo: "Quais são as melhores estratégias para reduzir a rotatividade em equipes de vendas B2B?"
3. **Analise** a resposta da IA usando os 6 critérios discutidos:

   - Clareza conceitual;
   - Fundamentação lógica;

- Adequação ao contexto;
- Qualidade das fontes implícitas;
- Originalidade e valor analítico;
- Sinais de alucinação ou erro factual.

4. **Aplique** o *framework* das seis perguntas críticas:

   - O que exatamente foi perguntado?
   - Quais premissas estão embutidas?
   - O que ficou de fora?
   - A resposta é específica o suficiente?
   - O que precisa ser validado?
   - Como posso aprimorar com minha experiência?

5. **Reescreva** a resposta da IA, agora com base na sua análise crítica. O objetivo não é apenas corrigir eventuais erros, mas aumentar a utilidade estratégica do conteúdo, incorporando seu julgamento, contexto e objetivos.
6. (Opcional) **Compartilhe** a resposta aprimorada com colegas ou equipe e colete *feedback*: o conteúdo ficou mais claro, mais aplicável, mais robusto?

Este exercício ajuda a internalizar a lógica do uso crítico e não submisso da IA. O que começa como um texto automatizado se torna, por meio da sua revisão crítica, um conteúdo mais confiável, relevante e estrategicamente potente.

SÍNTESE DO CAPÍTULO

Neste capítulo, mostramos que a ascensão da inteligência artificial generativa transforma não apenas o modo como se acessam informações, mas o próprio papel do líder no processo decisório. A fluência verbal, a aparência de autoridade e a facilidade com que essas ferramentas produzem textos podem enganar, e por isso exigem vigilância crítica constante.

Discutimos como a IA generativa exige uma nova forma de pensar: menos reativa e mais investigativa. Em vez de tratar as respostas como verdades prontas, o executivo supercrítico aprende a ver os limites, implicações e omissões dos conteúdos gerados. A ferramenta não substitui o julgamento; ela o desafia.

Foram apresentados critérios de avaliação da qualidade das respostas e um *framework* com seis perguntas que ajudam a transformar a IA em parceira estratégica de pensamento. O exercício final reforça essa prática, mostrando como o líder pode, e deve, assumir o protagonismo na interação com sistemas inteligentes.

A mensagem central é clara: não basta perguntar mais, é preciso perguntar melhor. E, sobretudo, avaliar com profundidade crítica o que se recebe. Só assim será possível colher os benefícios da IA generativa sem abrir mão da clareza, da responsabilidade e da autonomia no processo decisório.

> **A mensagem central é clara: não basta perguntar mais, é preciso perguntar melhor.**

6

A arte de perguntar: o poder das perguntas críticas na liderança

INTRODUÇÃO

Em um ambiente corporativo cada vez mais saturado por certezas precoces, opiniões fortes e decisões rápidas, a pergunta crítica é um ato de liderança. Perguntar de forma sincera, bem construída e estrategicamente posicionada é mais do que buscar respostas: é desafiar premissas, abrir possibilidades, criar espaço para o pensamento complexo e proteger a organização contra decisões apressadas ou mal-informadas.

O líder supercrítico entende que a dúvida não é um sinal de fraqueza, mas uma prática de inteligência. Grandes decisões não nascem de afirmações inquestionadas, mas de perguntas corajosas. A pergunta certa, feita no momento certo, pode virar uma estratégia de cabeça para baixo, revelar um viés oculto ou prevenir um erro milionário. Mais que isso: ela pode transformar a cultura de uma equipe, de passiva para investigativa, de conformada para criativa.

Enquanto a inteligência artificial se especializa em dar respostas rápidas, cabe ao ser humano a responsabilidade de formular perguntas melhores. Em um mundo onde todos querem saber "qual é a solução?", o líder que pergunta "qual é exatamente o problema?" assume um papel raro e valioso. Este capítulo é um convite para cultivar essa arte e construir, de forma prática, um arsenal de perguntas que potencializam o pensamento crítico na gestão.

A pergunta certa, feita no momento certo, pode virar uma estratégia de cabeça para baixo, revelar um viés oculto ou prevenir um erro milionário.

AS PERGUNTAS COMO FERRAMENTA DE PENSAMENTO CRÍTICO

A qualidade do nosso pensamento é determinada, em grande parte, pela qualidade das perguntas que fazemos. Essa máxima, frequentemente atribuída a filósofos e cientistas, é particularmente verdadeira no contexto da liderança. Perguntar bem é um ato de refinamento mental: obriga o cérebro a examinar, confrontar, relativizar e, por fim, compreender melhor. Onde há boa pergunta, há espaço para melhores decisões.

Perguntas críticas têm função diferente das perguntas informativas ou operacionais. Enquanto estas buscam detalhes ou atualizações ("qual é o *status* do projeto?"), as perguntas críticas exploram fundamentos, pressupostos, conexões e consequências ("por que escolhemos esse caminho?", "o que estamos assumindo como certo?", "quais são os riscos não declarados?"). Elas não querem apenas saber, querem entender.

No pensamento crítico, perguntas funcionam como faróis: iluminam zonas de incerteza, revelam pontos cegos e evitam que o raciocínio siga no piloto automático. Também ajudam a conter a influência excessiva de vieses, narrativas sedutoras ou decisões dominadas por urgência emocional. Um líder que pergunta antes de agir não está atrasando a decisão, está protegendo sua legitimidade.

Além disso, a pergunta crítica convida os outros à reflexão. Quando bem formulada, transforma a dinâmica de uma equipe: promove diálogo autêntico, desativa silêncios estratégicos e encoraja contribuições mais profundas. Em vez de reforçar o controle hierárquico, distribui responsabilidade intelectual. Assim, a pergunta se torna não apenas uma ferramenta de pensamento, mas uma alavanca de cultura.

Nos próximos tópicos, vamos mapear diferentes tipos de perguntas críticas e oferecer exemplos práticos de uso em contextos executivos, de decisões estratégicas a dilemas éticos, de reuniões de comitê a conversas de *feedback*. Perguntar bem é treinar o cérebro para pensar com mais rigor e liderar com mais consciência.

TIPOS DE PERGUNTAS CRÍTICAS E SEUS USOS ESTRATÉGICOS

Existem perguntas que esclarecem, perguntas que desafiam e perguntas que transformam. No contexto da liderança crítica, cada tipo cumpre uma função estratégica distinta. Saber quando e como utilizá-las é uma das competências mais valiosas do gestor que busca decisões mais sólidas e ambientes de pensamento mais qualificados.

1. Perguntas diagnósticas

Ajudam a entender a realidade como ela é, delimitando o problema com precisão antes de qualquer tentativa de solução. Exemplos:

- Qual é exatamente o problema que estamos tentando resolver?
- O que sabemos com certeza e o que ainda é suposição?

2. Perguntas causais

Buscam entender as origens dos problemas, evitando decisões que ataquem apenas sintomas. Exemplos:

- Quais são as causas raízes dessa situação?
- O que mudou recentemente que pode ter contribuído para isso?

3. Perguntas de alternativas

Exploram o espaço de possibilidades e combatem o pensamento dicotômico. Exemplos:

- Há outras soluções possíveis que ainda não foram consideradas?
- Podemos combinar abordagens aparentemente opostas?

4. Perguntas de impacto

Antecipam as consequências diretas e colaterais das decisões. Exemplos:

- Quem será afetado e como?
- Que efeitos secundários podemos esperar?

5. Perguntas de viés e suposição

Desenterram crenças não examinadas e pressupostos invisíveis. Exemplos:

- Que suposições estamos fazendo sem perceber?
- Nossos julgamentos estão sendo influenciados por vieses?

6. Perguntas de validação

Testam a solidez lógica e empírica da conclusão antes de agir. Exemplos:

- Como sabemos que isso funcionará?
- Já colocamos essa hipótese à prova?

7. Perguntas de escuta ativa
Aprofundam a compreensão da visão do outro e incentivam a abertura genuína. Exemplos:

- Pode me explicar como chegou a essa conclusão?
- Que outro aspecto você acredita ser importante e ainda não foi discutido?

8. Perguntas de priorização
Ajudam a distinguir o essencial do acessório em contextos de sobrecarga. Exemplos:

- Qual dessas ações trará mais impacto com menos esforço?
- O que realmente não pode esperar?

9. Perguntas de aprendizado
Transformam erros, experimentos e experiências em evolução. Exemplos:

- O que aprendemos até aqui que deve ser aplicado no futuro?
- Qual foi o maior *insight* gerado por essa situação?

10. Perguntas de ética e responsabilidade
Expandem o campo de análise para além da eficiência, incorporando valores. Exemplos:

- Essa decisão é justa com todos os envolvidos?
- Que impacto social ou ambiental estamos criando?

11. Perguntas de coerência estratégica
Verificam se a ação atual está em sintonia com os objetivos e princípios maiores. Exemplos:

- Essa decisão reforça nossa missão ou nos afasta dela?
- Estamos nos mantendo fiéis aos nossos valores?

12. Perguntas de antifragilidade
Buscam extrair força de adversidades, típicas de líderes que transformam crise em capacidade adaptativa. Exemplos:
- O que essa dificuldade pode nos ensinar que o sucesso não ensinaria?
- Como podemos sair dessa experiência mais preparados do que entramos?

ERROS COMUNS AO FAZER PERGUNTAS
Fazer boas perguntas é uma arte e, como toda arte, exige prática, atenção e correção de vícios. Muitos líderes acreditam que estão estimulando o pensamento crítico ao perguntar, mas na verdade reforçam vieses, distorcem o debate ou bloqueiam a colaboração. Conhecer os erros mais comuns é o primeiro passo para evitá-los.

1. Perguntas enviesadas
Esse tipo de pergunta já embute a resposta desejada ou direciona o pensamento para uma única conclusão. É o clássico: "Você não acha que deveríamos...?". Embora pareça uma abertura, trata-se de uma validação disfarçada. Limita o campo de análise e mina a autenticidade do diálogo.

2. Suposições ocultas na pergunta
Algumas perguntas parecem neutras, mas partem de premissas não verificadas. "Por que o cliente não entendeu nossa proposta?" já assume que o problema está no cliente, e não na comunicação. Perguntas assim inibem o pensamento amplo e tornam a investigação superficial.

3. Perguntas de confirmação
Buscam apenas reforçar a hipótese original do líder. Ao invés de "O que podemos aprender com essa falha?", a pergunta torna-se "Isso confirma que a estratégia anterior era errada, certo?". Esse tipo de abordagem reforça o viés de confirmação e enfraquece a abertura à descoberta.

4. Volume excessivo de perguntas
Bombardear a equipe com uma sequência rápida de perguntas pode parecer estimulante, mas frequentemente gera confusão ou defensividade. Boas perguntas exigem espaço para pensar, responder e, às vezes, reformular a própria pergunta. A qualidade supera a quantidade.

5. Falta de escuta ativa após perguntar

Muitos líderes fazem boas perguntas, mas não ouvem genuinamente as respostas. Estão apenas aguardando a vez de falar ou buscando reforço para sua posição. Perguntar exige escuta real, interessada, sem pressa de julgar ou interromper.

6. Evitar perguntas difíceis por conforto

Por medo de tensão, conflitos ou desconforto, alguns líderes evitam perguntas que desafiam o status quo ou confrontam zonas de incerteza. Mas são justamente essas perguntas que desbloqueiam novas possibilidades. O pensamento crítico amadurece quando enfrentamos, e não contornamos, os pontos difíceis.

7. Uso de perguntas retóricas disfarçadas

"Será que alguém aqui realmente acredita que isso vai funcionar?" Esse tipo de pergunta não busca resposta, busca constrangimento ou alinhamento automático. Em vez de promover reflexão, ela intimida ou paralisa. A liderança supercrítica evita esse artifício e privilegia o diálogo genuíno.

8. Falta de clareza ou foco

Perguntas vagas, longas ou ambíguas confundem mais do que esclarecem. "Como estamos indo com tudo aquilo da inovação, sabe, aquela coisa da última reunião?" não direciona a atenção para nenhum ponto específico. Perguntar bem exige precisão e intenção clara.

9. Ignorar o momento certo

Uma pergunta excelente feita no momento errado pode gerar resistência. Perguntar no calor de um conflito ou durante uma apresentação apressada pode comprometer a receptividade. O líder crítico sabe escolher o momento em que a pergunta tem mais chance de gerar abertura e reflexão.

10. Substituir escuta por interrogatório

Questionar em excesso, de forma invasiva ou sem empatia, pode gerar sensação de julgamento e colocar a equipe na defensiva. O tom e a cadência importam: perguntar com curiosidade é diferente de interrogar com superioridade.

11. Delegar responsabilidade por meio de perguntas

Usar perguntas para transferir responsabilidades é um erro sutil, porém comum. "E você, o que vai fazer a respeito disso?" pode parecer empoderadora, mas frequentemente carrega cobrança disfarçada. A pergunta crítica deve abrir caminhos, não impor decisões.

12. Usar perguntas para mascarar ordens
"Você não acha que seria melhor revisar esse plano para amanhã?" é, na verdade, uma ordem camuflada. Esse uso reduz a confiança e gera cinismo entre liderados. A clareza entre pergunta autêntica e direcionamento deve ser preservada para manter a integridade da comunicação.

Ao reconhecer esses erros e praticar sua correção, o líder passa de alguém que apenas coleta informações para alguém que cultiva inteligência coletiva. E isso exige não apenas saber o que perguntar, mas também como e por que perguntar.

FRAMEWORK: A MATRIZ DAS PERGUNTAS SUPERCRÍTICAS

Líderes supercríticos não fazem perguntas ao acaso. Eles constroem, praticam e refinam um repertório de perguntas com intenção estratégica clara. Para organizar esse repertório, propomos uma ferramenta simples e prática: a Matriz das Perguntas Supercríticas, que combina dois eixos, propósito da pergunta e nível da decisão (Tabela 1).

Eixo 1 – Propósito

- **Explorar:** abrir possibilidades, investigar contextos, coletar visões.
  — Exemplo: "O que ainda não estamos vendo aqui?"

- **Desafiar:** confrontar premissas, testar crenças, desconstruir certezas.
  — Exemplo: "E se estivermos errados em nossa suposição central?"

- **Decidir:** focar em critérios, avaliar riscos, comparar alternativas.
  — Exemplo: "Qual dessas opções está mais alinhada com nossos objetivos estratégicos?"

- **Alinhar:** obter compromisso, verificar entendimento comum, reforçar cultura.
  — Exemplo: "Todos estão claros quanto à razão dessa escolha?"

Eixo 2 – Nível da decisão

- **Tático:** operações e metas de curto prazo.
  — Exemplo: "Qual gargalo operacional estamos ignorando?"

- **Estratégico:** direção de médio e longo prazo, posicionamento, vantagem competitiva.
  — Exemplo: "Essa decisão reforça nossa proposta de valor ou a dilui?"

- **Ético:** princípios, justiça, impacto em *stakeholders*.
  — Exemplo: "Estamos tratando todos os envolvidos com equidade?"

- **Sistêmico:** interdependências, efeitos colaterais, visão de longo alcance.
  — Exemplo: "Que consequências indiretas essa decisão pode gerar em outras áreas?"

Tabela 1 Matriz de perguntas supercríticas.

	Explorar	Desafiar	Decidir	Alinhar
Tático	O que ainda não estamos vendo aqui?	E se estivermos errados em nossa suposição central?	Qual dessas opções está mais alinhada com nossos objetivos estratégicos?	Todos estão claros quanto à razão dessa escolha?
Estratégico	Quais dados adicionais podem nos dar nova perspectiva?	Qual pressuposto está sendo aceito sem questionamento?	Qual o custo de oportunidade de cada escolha?	Existe algum desalinhamento que ainda não foi abordado?
Ético	Quem mais deveríamos ouvir sobre esse tema?	Que crença dominante está limitando nossas opções?	Que evidências nos dão segurança para avançar?	Como essa decisão reforça nossos valores organizacionais?
Sistêmico	Que padrões se repetem, mas não estão explícitos?	Existe uma verdade incômoda que estamos evitando?	Estamos decidindo com base em dados ou conveniência?	Estamos todos comprometidos com a execução desse caminho?

Fonte: o autor.

Como usar a matriz

Ao cruzar os dois eixos, você pode mapear perguntas que são, por exemplo, estratégicas-desafiadoras, táticas-decisórias ou sistêmicas-alinhadoras. Essa estrutura ajuda o executivo a ampliar sua intencionalidade ao perguntar, escolhendo perguntas não só pela curiosidade, mas pelo impacto que podem gerar.

A Matriz das Perguntas Supercríticas funciona como um Canvas mental para a liderança: em vez de repetir sempre as mesmas perguntas automáticas, ela estimula a construção deliberada de um repertório adaptado ao momento, ao desafio e ao tipo de reflexão que se deseja provocar.

EXERCÍCIO

Neste exercício, convidamos você a aplicar a Matriz das Perguntas Supercríticas a uma situação real de sua organização. O objetivo é treinar a formulação e o uso estratégico de perguntas em um contexto concreto, fortalecendo sua habilidade de liderar pelo pensamento crítico.

Etapa 1 – Escolha um desafio real

Pode ser uma decisão estratégica, uma situação de conflito, uma incerteza operacional ou um projeto importante em curso. Anote brevemente qual é o problema ou situação.

Etapa 2 – Aplique perguntas dos quatro propósitos (Explorar, Desafiar, Decidir, Alinhar)

Formule pelo menos uma pergunta de cada tipo com base no desafio selecionado.

- **Explorar:** o que ainda não sabemos sobre esse cenário?
- **Desafiar:** que pressuposto estamos tratando como verdade absoluta?
- **Decidir:** quais critérios devem guiar essa escolha?
- **Alinhar:** existe um entendimento comum sobre o que está em jogo?

Etapa 3 – Aplique perguntas dos quatro níveis (Tático, Estratégico, Ético, Sistêmico)

Para o mesmo desafio, pense em perguntas que iluminem diferentes planos de análise.

- **Tático:** quais obstáculos operacionais precisam ser resolvidos?
- **Estratégico:** essa decisão contribui para nossos objetivos de longo prazo?
- **Ético:** quem pode ser prejudicado ou excluído com essa escolha?
- **Sistêmico:** que áreas serão impactadas indiretamente?

Etapa 4 – Conduza uma conversa usando as perguntas

Use essas perguntas em uma reunião com sua equipe ou com parceiros estratégicos. Observe como o uso intencional de boas perguntas altera o clima, a profundidade e o rigor da discussão.

Etapa 5 – Reflita sobre o resultado

- Quais perguntas geraram mais *insight*?
- Houve resistência a alguma pergunta?
- Alguma hipótese foi revista ou reformulada?

Este exercício não tem como objetivo oferecer respostas definitivas, mas sim exercitar a liderança pelo questionamento. Quanto mais você pratica, mais claro se torna o valor das perguntas certas, e mais preparado você estará para liderar com clareza, coragem e inteligência crítica.

SÍNTESE DO CAPÍTULO

Liderar na era da superinteligência não significa ter todas as respostas, mas sim saber fazer as perguntas que ninguém mais está fazendo. Este capítulo mostrou que perguntar não é um ato passivo, mas uma intervenção ativa no pensamento da equipe, na cultura da organização e na qualidade das decisões.

Vimos que perguntas bem formuladas abrem possibilidades, desafiam suposições, testam hipóteses, conectam pessoas e fortalecem o senso de direção. Mapeamos doze tipos estratégicos de perguntas e mostramos como elas se aplicam em diferentes níveis, do tático ao ético, do operacional ao sis-

> **Liderar na era da superinteligência não significa ter todas as respostas, mas sim saber fazer as perguntas que ninguém mais está fazendo.**

têmico. Também discutimos os erros mais comuns que enfraquecem o poder das perguntas e apresentamos a *Matriz das Perguntas Supercríticas* como ferramenta prática de aplicação.

Perguntar com intenção, escutar com presença e agir com base em reflexão profunda é o que distingue o líder supercrítico. Em vez de reforçar a lógica do controle e da previsibilidade, ele cultiva um ambiente de descoberta, adaptação e lucidez. Em tempos de transformação acelerada, essa habilidade se torna não apenas útil, mas essencial.

No próximo capítulo, vamos explorar como o pensamento crítico se manifesta na prática da escuta. Se perguntar é a metade da equação, escutar é a outra. A escuta crítica é o ponto de inflexão entre uma liderança que impõe e uma liderança que compreende.

Perguntar com intenção, escutar com presença e agir com base em reflexão profunda é o que distingue o líder supercrítico.

7

Escuta crítica: como ouvir além do óbvio

INTRODUÇÃO

Um dos paradoxos mais silenciosos da liderança contemporânea é este: quanto mais poder alguém acumula, menos tende a escutar. Em ambientes de alta pressão, o tempo se torna escasso, as reuniões ficam rápidas e a escuta, aquela prática que exige atenção plena, suspensão de julgamento e curiosidade genuína, é relegada a um papel passivo. No entanto, escutar é uma das formas mais sofisticadas de pensamento crítico em ação. Escutar bem não é esperar a vez de falar: é testar hipóteses, decifrar pressupostos, captar nuances, antecipar ruídos e intervir com precisão. Em um mundo saturado de dados e opiniões, saber ouvir tornou-se tão estratégico quanto saber decidir.

Na era da inteligência artificial, a escuta crítica ganha ainda mais relevância. Algoritmos podem processar linguagem, mas não compreendem silêncio. Podem resumir conteúdo, mas não leem contexto. Líderes, por outro lado, que desenvolvem a escuta como ferramenta ativa de julgamento aprendem a captar sinais fracos, reconhecer incoerências não ditas e interpretar o que se esconde sob a superfície. A escuta crítica não é apenas uma atitude relacional: é um ato cognitivo estratégico. Em decisões de alto impacto, escutar melhor é pensar melhor.

Este capítulo explora a escuta crítica como competência essencial para a superdecisão. Vamos diferenciar escuta crítica de escuta passiva ou reativa, entender suas principais barreiras e apresentar técnicas para escutar com intenção analítica e empática. Você encontrará um *framework* prático com os quatro níveis de escuta crítica e um exercício para aplicá-lo em conversas reais. Afinal, ouvir bem é o primeiro passo para decidir com clareza, e líderes que escutam com profundidade constroem decisões mais lúcidas, ambientes mais inteligentes e culturas mais abertas ao pensamento claro.

O QUE É A ESCUTA CRÍTICA

> **A maioria das pessoas acredita que escuta bem simplesmente porque ouve.**

A maioria das pessoas acredita que escuta bem simplesmente porque ouve. Mas há uma diferença profunda entre registrar sons e interpretar com discernimento. A escuta passiva consiste em estar presente fisicamente, mas mentalmente ausente: espera-se a vez de falar, desviando o foco para distrações internas ou externas. Já a escuta reativa é defensiva: ouve-se para responder, rebater, convencer ou confirmar o que já se pensa. Em ambos os casos, perde-se não apenas informação, mas o sentido mais profundo do que é comunicado.

A escuta crítica é qualitativamente diferente. Trata-se de escuta ativa, analítica e reflexiva, que busca entender o conteúdo e suas camadas ocultas: os pressupostos por trás das palavras, as emoções contidas na entonação, os silêncios estratégicos, os conflitos não verbalizados. É uma escuta que formula hipóteses enquanto ouve, que testa a coerência do que é dito e questiona com gentileza, não para expor o outro, mas para iluminar o raciocínio. Exige atenção plena, curiosidade verdadeira e suspensão temporária do próprio julgamento.

No contexto da liderança, escutar criticamente é um ato de inteligência coletiva. Líderes que escutam de forma crítica não apenas compreendem melhor suas equipes; decidem melhor, influenciam com mais ética e previnem mal-entendidos dispendiosos. Mais do que uma *soft skill* relacional, a escuta crítica é alavanca cognitiva estratégica: permite capturar realidades complexas, identificar sinais contraditórios e construir entendimento onde outros apenas reagem. Em última instância, escutar criticamente é pensar junto, sem abrir mão do rigor.

Exemplo executivo

- Imagine uma CEO ouvindo a apresentação de um gerente sobre a queda de desempenho de um produto recém-lançado. Um ouvinte passivo apenas anotaria e passaria adiante. Um ouvinte reativo interromperia com justificativas ou sugestões genéricas ("vamos investir mais em mídia"). Já um ouvinte crítico perguntaria: "Você mencionou resistência do canal de vendas: o que exatamente foi dito nos pontos de contato?". Ao explorar sem julgamento, percebe que o problema não era o produto, e sim uma mudança recente no modelo de comissionamento, que reduziu o incentivo da força de vendas. A escuta crítica reconstrói o diagnóstico, e muda a ação corretiva.

BARREIRAS À ESCUTA PROFUNDA: EGO, PRESSA, CERTEZA

A escuta crítica não é difícil apenas por falta de técnica; ela é desafiadora porque confronta diretamente três forças profundamente humanas: o ego, a pressa e a certeza. Essas forças operam de maneira sutil, mas poderosa, reduzindo nossa capacidade de ouvir com presença e discernimento. Ignorá-las compromete não só a qualidade das conversas, mas também a qualidade das decisões que delas se originam.

O ego é, talvez, a principal barreira. Quanto mais um líder se vê como "a pessoa que resolve", menos espaço interno ele reserva para ouvir o outro sem antecipação ou julgamento. Escutar implica admitir que o outro pode ter algo relevante a dizer, e isso, para muitos em posição de poder, é ameaçador. O ego prefere respostas rápidas, certezas imediatas e domínio do discurso. A escuta crítica exige o oposto: vulnerabilidade, suspensão do julgamento e abertura à possibilidade de estar errado. Em ambientes hierárquicos, isso pode ser contraintuitivo, mas é precisamente o que diferencia líderes lúcidos de chefes autossuficientes.

A segunda barreira é a pressa. Em um mundo em que o tempo é escasso e a velocidade é premiada, ouvir profundamente parece um luxo. Líderes saltam para soluções antes de entender o problema, interrompem interlocutores no meio de raciocínios e confundem objetividade com impaciência. A escuta crítica, por outro lado, exige tempo cognitivo: para absorver, elaborar, validar e só então intervir. O paradoxo é que a escuta mais lenta gera decisões mais rápidas, porque reduz retrabalho, previne conflitos e antecipa riscos mal diagnosticados.

Por fim, a certeza. A mente que "já sabe" escuta mal. Quando alguém está convencido de que tem razão, tudo o que ouve tende a ser filtrado, distorcido ou descartado para confirmar sua posição original. Essa armadilha cognitiva, conhecida como viés de confirmação, mata o pensamento crítico na origem. A escuta crítica, ao contrário, é movida por dúvida produtiva: "O que posso estar deixando de ver? Que parte da realidade essa pessoa enxerga melhor do que eu?". Perguntas como essas não fragilizam a liderança, elas a fortalecem, tornando-a mais clara, empática e sensata.

Imagine uma diretora de operações ouvindo uma reclamação de um gerente de logística sobre o novo sistema de rastreamento de entregas. A resposta comum seria defensiva ("isso já foi testado, está funcionando"). Mas, ao escutar criticamente, a diretora percebe que o gerente não está reclamando do sistema em si, mas da sobrecarga de tarefas manuais que ele gerou indiretamente. Ao escutar para entender, e não para se justificar, ela descobre um gargalo operacional invisível à alta gestão e resolve um problema que nem sabia que existia. Essa é a força da escuta crítica: revelar o que o outro não disse, mas precisava ser entendido.

COMO A ESCUTA CRÍTICA MELHORA DECISÕES EM AMBIENTES COMPLEXOS

Em ambientes complexos, onde múltiplas variáveis interagem e as relações de causa e efeito são ambíguas, a escuta crítica se torna uma vantagem cognitiva decisiva. A superficialidade da escuta leva a diagnósticos apressados, soluções deslocadas e decisões mal calibradas. Já a escuta crítica permite captar nuances, antecipar resistências, compreender motivações e refinar hipóteses — tudo isso antes que uma decisão seja formalizada. Quanto maior a complexidade, maior o valor de quem sabe ouvir com profundidade.

Uma das principais contribuições da escuta crítica é sua capacidade de revelar as premissas ocultas que sustentam argumentos, solicitações ou objeções. Muitas vezes, interlocutores apresentam posições firmes sem expor o raciocínio subjacente. Um líder que escuta criticamente formula perguntas que iluminam essas bases não ditas: "O que o faz pensar que essa abordagem é a melhor?", "Qual cenário vocês estão assumindo ao fazer essa projeção?", "Quais riscos estão sendo ignorados nessa proposta?". Ao revelar o que está implícito, o líder fortalece a decisão, mesmo que não mude sua direção.

Além disso, a escuta crítica permite distinguir entre ruído emocional e conteúdo substantivo. Nem toda resistência é oposição; nem todo entusiasmo é convicção. Às vezes, um comentário ríspido carrega uma preocupação legítima; uma ideia apaixonada oculta dados frágeis. Líderes que escutam criticamente sabem acolher a emoção sem se deixar capturar por ela e sabem voltar à substância do argumento com empatia e foco.

Outro benefício é o aumento da precisão na tomada de decisão coletiva. Reuniões são ambientes cheios de hierarquia implícita, inibições e ruídos de comunicação. Um líder que escuta criticamente ajuda o grupo a pensar melhor, reformula ideias confusas, dá voz a silêncios importantes e evita que o mais eloquente domine o rumo da conversa. A escuta crítica, nesse sentido, não é apenas individual, é uma prática de facilitação do pensamento coletivo.

Por fim, em tempos de IA, a escuta crítica tem um valor insubstituível. Algoritmos podem processar fala e gerar transcrições, mas não captam ambiguidade humana, hesitações significativas ou silêncios reveladores. O líder crítico que escuta com atenção genuína está enxergando onde o algoritmo não vê. E isso pode ser a diferença entre uma decisão tecnicamente boa e uma decisão verdadeiramente acertada.

Algoritmos podem processar fala e gerar transcrições, mas não captam ambiguidade humana, hesitações significativas ou silêncios reveladores. O líder crítico que escuta com atenção genuína está enxergando onde o algoritmo não vê.

TÉCNICAS DE ESCUTA COM INTENÇÃO ANALÍTICA E EMPÁTICA

A escuta crítica combina duas intenções complementares: analisar com rigor e compreender com empatia. Escutar com intenção analítica significa buscar clareza, coerência e lógica nos discursos, enquanto escutar com empatia é captar emoções, motivações e pontos de vista legítimos, mesmo quando mal formulados. Um líder que domina essas duas dimensões simultaneamente transforma qualquer conversa em *insight* decisório.

1. Escuta reflexiva

Essa técnica consiste em reformular com suas próprias palavras o que o outro disse, para verificar se você entendeu corretamente e permitir que o interlocutor revise ou refine sua ideia.

- Exemplo: "Então você está dizendo que a mudança no modelo comercial afetou a motivação da equipe, certo?"

Essa prática mostra atenção, reduz mal-entendidos e convida o outro a pensar com mais clareza.

2. Verificação de pressupostos

Muitas falas contêm afirmações embutidas que nunca foram explicitadas; são os famosos "nós sempre fizemos assim", "isso nunca funcionou" ou "o mercado já decidiu".

O ouvinte crítico identifica essas suposições e as traz à superfície com perguntas como: "Que premissa estamos assumindo aqui?", "Essa conclusão depende de que hipótese?".

Isso não apenas melhora a conversa, como fortalece o diagnóstico.

3. Detecção de ruídos emocionais

Nem todo argumento mal estruturado é fraco; às vezes ele está apenas mascarado por frustração, medo ou resistência. Escutar criticamente significa captar esses sinais e não reagir defensivamente.

- Exemplo: quando alguém diz "essa ideia vai afundar a operação", a escuta empática pergunta: "O que exatamente preocupa você nessa proposta?".

Assim, o líder isola a emoção, acolhe a preocupação e reconduz o diálogo ao plano racional.

4. Mapeamento de lacunas e contradições

Durante conversas estratégicas, é comum que haja saltos de lógica, omissões de informações ou inconsistências entre discurso e prática.

A escuta crítica aponta essas lacunas com gentileza e precisão: "Você mencionou que o time apoia a mudança, mas também disse que há resistência; pode me ajudar a entender melhor esse contraste?".

Essa abordagem gera clareza sem confronto.

5. Escuta em camadas (do explícito ao implícito)

Essa técnica consiste em escutar simultaneamente o que está sendo dito, como está sendo dito e o que não está sendo dito.

O líder treina a mente para perceber ritmo, pausas, hesitações, ênfases, omissões e padrões. Com isso, desenvolve a capacidade de captar mensagens complexas mesmo quando a superfície parece simples.

Juntas, essas técnicas ampliam a qualidade da escuta e a transformam em ferramenta de pensamento. Ao escutar melhor, o líder não apenas entende mais, ele pensa melhor, decide com mais critério e lidera com mais lucidez.

FRAMEWORK: OS QUATRO NÍVEIS DE ESCUTA CRÍTICA

A escuta crítica não é um ato único e simples; ela ocorre em camadas. Um mesmo discurso pode ser escutado em diferentes profundidades, dependendo da intenção e da atenção do ouvinte. O líder supercrítico desenvolve a capacidade de escutar simultaneamente fatos, emoções, premissas e implicações. Esse modelo, dividido em quatro níveis progressivos, funciona como um mapa mental para transformar qualquer conversa em diagnóstico estratégico.

1. Fatos: o que está sendo dito literalmente?

Esse é o nível mais superficial, mas necessário. Envolve escutar dados objetivos, declarações diretas, informações explícitas. O risco aqui é assumir que a fala termina no que é dito. Escutar fatos exige atenção descritiva, sem distorções nem antecipações.

- Exemplo: "Nosso índice de satisfação caiu 12% no último trimestre."

O líder registra com precisão o que foi dito, sem interpretar nem reagir prematuramente.

2. Emoções: o que está sendo sentido, mesmo que não seja dito?

A fala humana é carregada de sinais emocionais, tom de voz, hesitação, ênfase, metáforas, pausas. O líder crítico escuta com empatia e curiosidade: há frustração? Medo? Entusiasmo forçado? Irritação contida? Esse nível ajuda a decifrar o clima emocional da mensagem.

- Exemplo: "A equipe está se adaptando, mas o clima está... digamos... desafiador."

Aqui, a hesitação revela desconforto. O líder atento pode perguntar: "Você percebe resistência ou só insegurança com o novo modelo?"

3. Premissas: quais crenças ou hipóteses sustentam o que está sendo dito?

Nem sempre as premissas são visíveis. Às vezes, o argumento parte de crenças arraigadas que precisam ser trazidas à luz. A escuta crítica formula hipóteses: "Que ideia não dita está sustentando essa fala?" ou "Qual suposição está embutida aqui?".

- Exemplo: “Se não aumentarmos a verba de marketing, não vamos atingir a meta.”
- Premissa implícita: “O único caminho para atingir a meta é investir mais em marketing.” O líder pode perguntar: “Você vê outras alavancas além da verba?”

4. Implicações: quais consequências estão sendo sugeridas ou ignoradas?

O nível mais profundo da escuta é aquele que enxerga além da fala: para onde essa ideia leva? Quais desdobramentos ela gera? O que está sendo deixado de fora? O ouvinte crítico pensa em consequências não previstas e efeitos colaterais não mencionados.

- Exemplo: “Vamos terceirizar esse setor.”
- O líder pergunta: “Como isso pode afetar a cultura da equipe?” ou “Que dependências externas isso pode criar no longo prazo?”

Esse *framework* não é linear; os quatro níveis coexistem e interagem em qualquer conversa relevante. Quanto mais o líder treina sua escuta nesses planos, mais rapidamente desenvolve diagnósticos precisos, intervenções sensíveis e decisões bem fundamentadas.

Exercício de aplicação: diagnóstico com os quatro níveis de escuta

A seguir, você encontrará um caso breve de interação organizacional. O objetivo é praticar a escuta crítica utilizando os quatro níveis do *framework* apresentado. Leia atentamente o trecho a seguir e, depois, reflita sobre as perguntas que o acompanham.

- Cenário: durante uma reunião semanal com os *heads* de área, a diretora de Produto pergunta sobre os impactos da nova política de precificação. O gerente de vendas responde:

“Olha, estamos fazendo o possível. A equipe está engajada, mas a receptividade do mercado não foi bem o que esperávamos. A concorrência já respondeu com promoções agressivas e, internamente, alguns vendedores estão com dificuldade de defender os novos preços. Estamos treinando o time, claro, mas o ambiente está bem desafiador. Ainda assim, vamos continuar insistindo na estratégia até termos dados mais consistentes para avaliar.”

Agora, utilize os quatro níveis de escuta para analisar esse trecho:

1. Fatos

- Quais informações objetivas foram comunicadas?
- Há dados concretos ou generalizações?

2. Emoções

- Que sinais emocionais estão presentes no tom ou nas escolhas de palavras?
- Há hesitação, insegurança, conformismo, frustração?

3. Premissas

- O que o gerente parece acreditar sobre a estratégia, os vendedores ou a concorrência?
- Há alguma hipótese implícita sendo tratada como verdade?

4. Implicações

- O que pode acontecer se "continuar insistindo na estratégia"?
- Que riscos ou alternativas estão sendo ignorados?

Atividade adicional

Escolha uma reunião, conversa ou *feedback* recente de sua rotina profissional. Reflita sobre como você escutou essa interação. Depois, reanalise-a aplicando os quatro níveis do *framework*. Pergunte-se:

- O que deixei de escutar por pressa ou julgamento?
- Onde havia sinais emocionais que eu ignorei?
- Que premissas não foram questionadas?
- Que implicações estavam ocultas?

Esse exercício, repetido com frequência, afia sua escuta, refina seu diagnóstico e transforma conversas comuns em ferramentas de liderança crítica.

SÍNTESE DO CAPÍTULO

A escuta crítica é uma das formas mais sofisticadas de pensar e de liderar. Enquanto a escuta passiva apenas registra sons e a escuta reativa busca defender posições, a escuta crítica transforma a escuta em um processo ativo de análise, compreensão e intervenção. É ela que permite identificar premissas ocultas, acolher sinais emocionais relevantes, mapear incoerências e antecipar riscos.

Líderes supercríticos não escutam para responder, escutam para entender. Eles reconhecem que boas decisões começam antes da fala, no silêncio atento de quem sabe ouvir com profundidade. Em ambientes cada vez mais voláteis, onde a complexidade exige diagnósticos finos e alinhamento coletivo, a escuta crítica deixa de ser uma habilidade relacional e passa a ser uma competência estratégica.

Mais do que uma técnica, a escuta crítica é um modo de presença: ela exige tempo, intenção e humildade. Exige abrir mão do desejo de controle para ganhar clareza. Exige desacelerar o julgamento para acelerar a qualidade da decisão. É por meio dela que o líder se conecta à realidade antes de tentar transformá-la, e é por isso que ouvir bem é um ato silencioso de liderança lúcida.

> **Líderes supercríticos não escutam para responder, escutam para entender. Eles reconhecem que boas decisões começam antes da fala, no silêncio atento de quem sabe ouvir com profundidade.**

8

Diagnóstico rigoroso: como definir problemas com clareza radical

INTRODUÇÃO

Uma decisão só é tão boa quanto o problema que pretende resolver. Em ambientes corporativos, é comum tratar sintomas como causas, supor diagnósticos sem validação ou pular diretamente para soluções prontas. Isso gera uma ilusão de produtividade, mas frequentemente compromete resultados, desperdiça recursos e perpetua falhas estruturais. Definir o problema corretamente é o primeiro, e mais subestimado, passo da superdecisão.

A pressa em agir, combinada à cultura do imediatismo e da performance, faz com que equipes enterrem questões mal formuladas sob projetos bem apresentados. Mas um problema mal definido contamina toda a cadeia decisória: distorce métricas, orienta mal as análises, direciona investimentos para áreas erradas e gera frustração silenciosa. Ao contrário, um diagnóstico rigoroso abre espaço para decisões mais eficazes, debates mais produtivos e soluções verdadeiramente transformadoras.

Este capítulo explora a arte e a técnica de formular problemas com clareza radical. Veremos por quais motivos tantos erros estratégicos começam na definição equivocada do problema, como diferenciar sintomas de causas, quais ferramentas de mapeamento usar e um *framework* prático para estruturar o diagnóstico. Você também será convidado a reescrever um problema real aplicando os princípios aprendidos. A superdecisão começa com a pergunta certa, e ela só surge quando se compreende, com profundidade, o que está de fato em jogo.

POR QUE MUITAS DECISÕES FALHAM POR DEFINIR MAL O PROBLEMA

Em reuniões estratégicas, é comum ver gestores brilhantes debatendo soluções complexas para problemas mal definidos. Essa inversão, discutir o "como" sem clareza sobre o "quê", cria uma cadeia de decisões desalinhadas que parecem lógicas entre si, mas que, no fundo, respondem a um diagnóstico errado. O resultado são projetos que avançam tecnicamente, mas não resolvem o que realmente importa.

Um dos motivos mais recorrentes para essa falha é a tendência natural de agir antes de entender. O desconforto diante da incerteza leva equipes a buscar soluções rápidas, saltando diretamente para ações que dão sensação de controle. Mas a pressa em decidir é inimiga da clareza diagnóstica. Quando não se nomeia corretamente o problema, a organização perde tempo discutindo efeitos, não causas, e confunde eficiência com inteligência.

Outro erro frequente é definir o problema a partir de sintomas visíveis e isolados, ignorando o contexto mais amplo e os padrões recorrentes. Quedas em indicadores, rotatividade de pessoas, atrasos em entregas ou conflitos entre áreas são, muitas vezes, tratados como problemas em si quando, na verdade, são manifestações de algo mais profundo: falhas de processo, desalinhamento estratégico, conflitos de incentivos, cultura tóxica ou ambiguidade de metas.

Também é comum que o problema seja definido em termos excessivamente amplos ou vagos, como "falta de inovação", "baixo engajamento" ou "ineficiência operacional". Termos genéricos dão a ilusão de diagnóstico, mas não são operacionalizáveis. Para que uma decisão seja crítica e eficaz, o problema precisa ser formulado com precisão, contexto e consequência; deve ser específico o bastante para orientar a ação e amplo o suficiente para capturar sua complexidade.

Definir mal o problema não é apenas um erro técnico; é um risco estratégico. Ao concentrar energia, orçamento e atenção em causas equivocadas, a organização desperdiça seus recursos mais escassos: tempo, foco e legitimidade. O líder supercrítico, por outro lado, sabe que formular o problema corretamente é o ato fundador de toda boa decisão. É esse rigor no diagnóstico que separa os solucionadores ansiosos dos pensadores estratégicos.

Definir mal o problema não é apenas um erro técnico; é um risco estratégico.

SINTOMAS *VERSUS* CAUSAS: O VÍCIO DA SUPERFICIALIDADE

A maioria das decisões corporativas trata sintomas. Isso não é por má intenção; é por hábito cognitivo. Sintomas são visíveis, urgentes, mensuráveis. Aparecem nos *dashboards*, causam desconforto imediato e demandam ação. Já as causas reais costumam ser invisíveis, complexas, sistêmicas e emocionalmente delicadas. Exigem investigação, tempo e desconstrução de certezas. É por isso que o pensamento superficial tem tanta aderência: ele permite agir rápido, sem enfrentar o que realmente importa.

Tratar sintomas é como apagar incêndios com um copo d'água. A cada vez que se resolve o efeito visível: uma queda no NPS (*Net Promoter Score*), uma reclamação recorrente de cliente ou um atraso de entrega, sem investigar a origem sistêmica, o problema real permanece intocado e, muitas vezes, se agrava. A organização fica presa num ciclo de reação, confundindo atividade com progresso.

A distinção entre sintomas e causas exige disciplina analítica. Um bom exercício é perguntar: "Se resolvermos isso que estamos vendo, o problema desaparece ou apenas muda de forma?". Essa pergunta simples ajuda a testar a profundidade do diagnóstico. Em geral, sintomas são efeitos colaterais de múltiplas causas, e resolver um deles pode apenas deslocar o problema para outro ponto do sistema.

Um exemplo típico é a alta rotatividade de talentos. Tratar como um problema isolado pode levar à decisão de aumentar salários, oferecer bônus ou reforçar o pacote de benefícios. Mas, se a causa for uma cultura de baixa autonomia, ausência de propósito ou liderança autoritária, essas ações terão impacto limitado. Resolver o sintoma sem tocar na causa é como administrar analgésico a um paciente com infecção: alivia, mas não cura.

O pensamento crítico aplicado ao diagnóstico exige uma inversão: da pressa pela solução para o aprofundamento da pergunta. Significa aprender a desconfiar do óbvio, explorar múltiplas explicações possíveis e resistir à sedução das primeiras respostas. O líder supercrítico é um especialista em cavar até chegar ao ponto em que a solução não é apenas eficiente, mas necessária. E isso começa com a recusa deliberada à superficialidade.

FERRAMENTAS PARA MAPEAR PROBLEMAS: ÁRVORE LÓGICA, CINCO PORQUÊS, MAPAS DE CAUSA

Definir um problema com clareza radical não depende apenas de intuição; exige método. Ferramentas visuais e estruturadas ajudam a organizar o raciocínio, revelar conexões ocultas e evitar conclusões apressadas. Neste tópico, exploramos três abordagens práticas para mapeamento de problemas: a árvore lógica, os cinco porquês e os mapas de causa. Cada uma delas amplia a capacidade de enxergar o problema antes de tentar resolvê-lo.

1. Árvore lógica de problemas

A árvore lógica parte de um problema central (o "tronco") e expande em duas direções: para cima (causas) e para baixo (efeitos). O objetivo é identificar o encadeamento entre eventos, evitando tanto a simplificação excessiva quanto o caos desconexo. É uma ferramenta poderosa para tornar visível a arquitetura oculta de um problema (Figura 1).

- Exemplo: se o problema é "a equipe de vendas não bateu a meta", as causas podem incluir "alta rotatividade de vendedores", "falta de treinamento" ou "meta mal calibrada". Já os efeitos podem incluir "queda na receita", "pressão sobre o marketing" e "desmotivação da equipe".

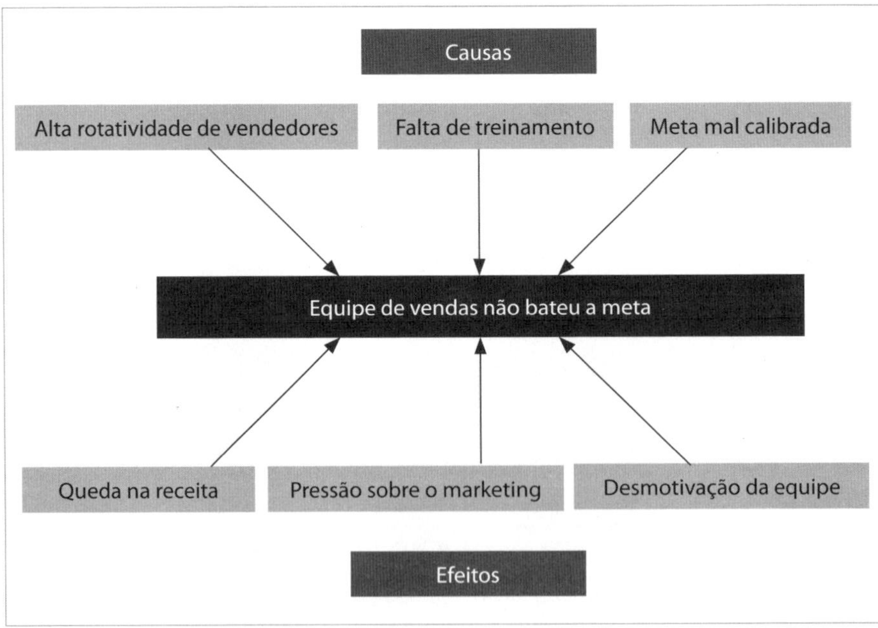

Figura 1 Árvore lógica do problema: meta de vendas não atendida.
Fonte: do autor.

Essa ferramenta ajuda o líder a evitar o erro comum de atacar os efeitos ou resolver causas secundárias sem tocar na raiz do problema.

2. Técnica dos cinco porquês

Essa abordagem simples e eficaz consiste em perguntar "por quê?" de forma encadeada, aprofundando a análise até chegar à causa-raiz. Cada resposta se torna a base da próxima pergunta. Exemplo:

- Por que o cliente cancelou o contrato?
  Porque o projeto atrasou.

- Por que o projeto atrasou?
  Porque a equipe não entregou o módulo a tempo.

- Por que não entregou?
  Porque faltou integração entre as áreas.

- Por que faltou integração?
  Porque os processos entre TI e Produto não estão alinhados.

A técnica dos cinco porquês expõe o que muitas vezes é ignorado: a causa rara e real do problema mora em aspectos sistêmicos, não em falhas individuais.

A técnica dos cinco porquês expõe o que muitas vezes é ignorado: a causa rara e real do problema mora em aspectos sistêmicos, não em falhas individuais.

3. Diagrama de espinha de peixe (Ishikawa)

Também conhecido como diagrama de causa e efeito, essa ferramenta visual é ideal para identificar causas múltiplas e simultâneas que contribuem para um mesmo problema. Diferente da técnica dos cinco porquês, que segue uma cadeia linear de raciocínio, o diagrama de espinha de peixe permite organizar causas agrupadas por categorias, como processo, produto, pessoas, ambiente, entre outras, facilitando uma análise mais holística.

A estrutura lembra a anatomia de um peixe: a "cabeça" é o problema central, e cada "espinha" representa uma categoria de causas, com ramificações que detalham fatores específicos. Essa visualização ajuda times a mapear fatores sistêmicos e identificar pontos de intervenção (Figura 2).

Exemplo:

No caso de um aumento no *churn* de clientes, o diagrama pode destacar causas em diferentes categorias:

Produto

- Baixo valor percebido.
- Funcionalidades pouco usadas.
- Erros frequentes.

Atendimento

- Demora nas respostas.
- Falta de empatia.
- Canal ineficiente.

Marketing

- Expectativas irreais.
- Comunicação confusa.
- Promoções mal planejadas.

Figura 2 Diagrama de espinha de peixe (Ishikawa).
Fonte: do autor.

Preço

- Custo elevado.
- Concorrência mais barata.
- Percepção de injustiça.

Cliente

- Mudança de comportamento.
- Novos hábitos digitais.
- Menor fidelidade.

Concorrência

- Ofertas personalizadas.
- Melhor experiência.
- Mais inovação.

Essa representação torna visível como causas distintas, que às vezes pertencem a áreas diferentes da empresa, convergem para o mesmo problema. Com isso, o diagrama de espinha de peixe se torna uma ferramenta poderosa para diagnósticos colaborativos, promovendo uma compreensão mais estratégica do que está realmente em jogo. Mapas de causa ajudam a visualizar as interdependências, testar hipóteses e decidir onde agir com maior impacto.

Essas ferramentas não substituem o julgamento do líder, mas o potencializam. Aplicadas com disciplina, elas reduzem o ruído emocional, combatem o pensamento superficial e transformam o diagnóstico em uma etapa estratégica, não apenas operacional, da tomada de decisão.

PERGUNTAS CRÍTICAS PARA DEFINIÇÃO DE PROBLEMAS

A clareza do diagnóstico nasce da qualidade das perguntas feitas antes da ação. Enquanto perguntas vagas mantêm o pensamento na superfície, perguntas críticas forçam o líder a cavar, confrontar suposições e estruturar melhor a realidade. Mais do que uma ferramenta, a boa pergunta é um filtro cognitivo: ela revela se o que está sendo chamado de "problema" é realmente um problema ou apenas um sintoma, uma impressão ou uma suposição coletiva.

Veja a seguir um conjunto de perguntas que funcionam como guias para a formulação precisa de problemas estratégicos:

1. Estamos lidando com um sintoma, uma causa ou uma consequência?
Essa distinção evita que ações se percam tentando corrigir efeitos periféricos. A mesma energia pode ser redirecionada para o ponto de alavancagem real.

2. Quem define que isso é um problema? Para quem ele é um problema?
Às vezes, o que parece problemático para uma área é apenas um efeito colateral inevitável de uma decisão mais ampla. Ou pode haver múltiplas interpretações conflitantes sobre o que está "errado".

3. O que sabemos com certeza sobre este problema e o que estamos apenas assumindo?
Essa pergunta força a equipe a separar evidência de suposição. Ajuda a descobrir zonas de incerteza que precisam ser investigadas antes da ação.

4. Qual é o contexto completo em que esse problema ocorre?
Isolar o problema do ambiente onde ele se manifesta pode levar a soluções descoladas da realidade. Compreender o cenário, pessoas envolvidas, histórico, processos, incentivos e cultura é essencial.

5. Qual seria o impacto de não resolver esse problema?
Nem todo incômodo merece energia estratégica. Essa pergunta ajuda a dimensionar a urgência e o custo de não agir, colocando o problema em perspectiva.

6. O problema foi definido em termos operacionais, mensuráveis e acionáveis?
Evite definições como "falta de engajamento" ou "problema de comunicação". Quanto mais específico, melhor: "menos de 40% da equipe responde às pesquisas de clima", por exemplo, é mensurável e monitorável.

7. Que decisões estamos tentando informar com esse diagnóstico?
Essa pergunta conecta a definição do problema à ação esperada. Um problema bem formulado já aponta para os tipos de decisão que ele exige: reposicionamento? reestruturação? mudança de política? intervenção de cultura?

8. Estamos dispostos a aceitar a solução, mesmo que ela implique mudanças incômodas?

Às vezes, o problema é reconhecido, mas sua verdadeira solução é evitada porque exige desconforto político, abandono de dogmas ou confronto com zonas de poder.

Essas perguntas não devem ser usadas como um *checklist* automático, mas como um roteiro de investigação rigorosa. Um problema que resiste a esse tipo de questionamento provavelmente está mal formulado e, portanto, não está pronto para ser resolvido. A boa decisão começa onde termina a pergunta fraca.

FRAMEWORK: MAPA DO PROBLEMA ESTRATÉGICO

Para ajudar líderes a formular problemas com clareza radical, apresentamos aqui o Mapa do Problema Estratégico, um *framework* simples, porém poderoso, que estrutura os principais elementos de um bom diagnóstico. Ele evita generalizações vagas, foca no essencial e prepara o terreno para decisões mais acertadas.

O *framework* é composto por cinco dimensões que devem ser explicitadas sempre que um problema for apresentado:

1. Componente central: o que exatamente está em questão?

Defina o problema em termos claros, objetivos e específicos. Evite abstrações.

- Exemplo: "A taxa de conversão do funil digital caiu de 3,2% para 1,8% nos últimos 90 dias."

2. Contexto: onde, com quem e em que circunstâncias isso ocorre?

Delimite o ambiente em que o problema aparece: área, processo, canal, *stakeholder*, histórico recente.

- Exemplo: "Ocorre principalmente entre *leads* orgânicos qualificados, no segmento PME, após alteração no layout da *landing page*."

3. Impacto: o que acontece se esse problema não for resolvido?

Explicite consequências quantitativas e qualitativas: prejuízos, riscos, perdas, efeitos em cadeia.

- Exemplo: "A projeção de receita do trimestre pode ser 12% menor; o CAC aumentou 28% e a percepção de valor da marca caiu nas entrevistas de cliente."

4. Urgência: qual é o *timing* decisório necessário?

Classifique a criticidade: é um problema crônico, emergente, recorrente ou agudo?

- Exemplo: "Trata-se de um problema emergente com impacto já mensurável; há necessidade de revisão de estratégia nas próximas duas semanas."

5. Grau de incerteza: o quanto sabemos (ou não) sobre o que está causando o problema?

Avalie o nível de clareza diagnóstica. Isso define se é o momento de agir, investigar ou testar.

- Exemplo: "A hipótese dominante é que a mudança no *design* impactou negativamente a usabilidade, mas há lacunas de dados sobre comportamento no site."

Esse mapa (Tabela 1) pode ser usado como *template* em reuniões de liderança, apresentações de problemas ou análise de indicadores críticos. Ele obriga o gestor a pensar com rigor, evita diagnósticos apressados e estrutura a conversa de forma clara e acionável.

Tabela 1 Mapa do Problema Estratégico.

Dimensão	Pergunta-chave	Exemplo
1. Componente central	O que exatamente está em questão?	"Conversão caiu de 3,2% para 1,8% em 90 dias."
2. Contexto	Onde, com quem e em que circunstâncias ocorre?	"*Leads* orgânicos (PME) após mudança de *landing page*."
3. Impacto	O que acontece se não resolvermos?	"Receita –12%; CAC +28%; percepção de marca em queda."
4. Urgência	Qual o *timing* decisório?	"Emergente; revisão em até 2 semanas."
5. Grau de incerteza	O quanto sabemos sobre as causas?	"Hipótese: design/UX; faltam dados comportamentais."

Fonte: do autor.

EXERCÍCIO

Este exercício tem como objetivo praticar o uso do Mapa do Problema Estratégico apresentado anteriormente. A proposta é partir de uma formulação comum, vaga ou superficial de um problema e reestruturá-la com base nas cinco dimensões do *framework*: componente central, contexto, impacto, urgência e grau de incerteza.

Problema formulado de maneira vaga:

"Nosso time de tecnologia está desmotivado e o desempenho caiu."

Essa formulação, embora comum, apresenta múltiplas ambiguidades:

- O que é exatamente "desempenho"?
- Como se manifesta a "desmotivação"?
- Em qual parte da equipe ocorre?
- Qual o efeito prático sobre os resultados da empresa?
- O problema é recente, cíclico ou crônico?

Reformulação com base no Mapa do Problema Estratégico:

- **Componente central:** queda de 27% na produtividade da *squad* de desenvolvimento responsável pelo *app mobile* nos últimos dois *sprints*.
- **Contexto:** a equipe atua em regime híbrido, com mudanças recentes na liderança e em paralelo à adoção de uma nova metodologia ágil (*Scrum*).
- **Impacto:** atraso de três semanas no *roadmap* de funcionalidades-chave, aumento de retrabalho e risco de comprometimento do lançamento previsto para o próximo trimestre.
- **Urgência:** impacto imediato sobre o plano tático. Se não for resolvido em até quatro semanas, comprometerá o cronograma e exigirá remanejamento de recursos.
- **Grau de incerteza:** alta incerteza: há hipóteses conflitantes sobre as causas (mudança de liderança, adaptação à nova metodologia ou conflitos interpessoais). É necessário investigar com mais profundidade.

Atividade individual

Escolha um problema real do seu ambiente de trabalho que atualmente é discutido de forma genérica ou insatisfatória. Reescreva esse problema usando o Mapa do Problema Estratégico. Em seguida, compartilhe com seu time e observe:

- A formulação mais clara altera a percepção sobre urgência?
- Novas hipóteses ou abordagens surgem espontaneamente?
- A equipe se sente mais orientada para agir?

Esse exercício tem um poder transformador: ele não apenas melhora a definição do problema, mas reorienta a cultura da equipe para pensar com mais rigor antes de agir. O diagnóstico torna-se um processo colaborativo e inteligente, e a decisão, mais bem fundamentada.

SÍNTESE DO CAPÍTULO

A maioria das decisões mal-sucedidas não fracassa por falta de boas ideias, mas por começar do problema errado. Neste capítulo, vimos que o verdadeiro poder da liderança crítica está na capacidade de formular com precisão o que está em jogo antes de partir para a ação. Diagnosticar com clareza é um ato estratégico, talvez o mais importante na jornada de qualquer superdecisão.

Exploramos como sintomas são frequentemente confundidos com causas, como a superficialidade diagnóstica gera desperdício de tempo e foco, e como ferramentas como a árvore lógica, os **cinco porquês** e os mapas de causa ajudam a organizar o pensamento. Também apresentamos perguntas críticas que forçam o líder a enxergar o problema além da superfície e, finalmente, o *framework* do Mapa do Problema Estratégico, que estrutura os cinco elementos essenciais de um diagnóstico bem-feito.

Ao longo do capítulo, ficou claro que a qualidade da decisão é proporcional à qualidade da pergunta que a antecede. E boas perguntas nascem de diagnósticos rigorosos. O líder supercrítico não se contenta com "o que parece ser": ele cava, testa, confronta hipóteses e exige clareza. Porque só quem entende profundamente o problema pode liderar uma solução que faça sentido, dure no tempo e transforme a realidade.

9

Decisões sob incerteza: como agir quando não há respostas claras

INTRODUÇÃO

Tomar decisões em ambientes estáveis, com dados confiáveis e alternativas bem mapeadas, é um exercício racional relativamente previsível. O verdadeiro teste de liderança acontece quando essas condições desaparecem, quando o cenário muda rapidamente, as informações são parciais ou contraditórias, e os efeitos das escolhas são difíceis de antecipar. A incerteza, cada vez mais presente na era da inteligência artificial e dos mercados voláteis, exige não apenas coragem, mas um novo tipo de competência crítica.

Em situações incertas, o risco não está apenas em errar; está em decidir com base em ilusões de certeza. Muitas vezes, o impulso natural dos líderes é buscar "a resposta certa", como se o mundo fosse estático e previsível, e agir rápido para evitar desconforto. Mas essa abordagem pode ser fatal. Decidir sob incerteza requer outro tipo de lógica: uma lógica que aceita a dúvida como insumo, que substitui a rigidez por adaptação e que privilegia perguntas estratégicas no lugar de certezas absolutas.

Este capítulo é um convite para desenvolver esse tipo de raciocínio. Vamos explorar os diferentes tipos de incerteza, os vieses cognitivos que distorcem o julgamento quando há pouco chão firme e apresentar ferramentas práticas para decidir com lucidez mesmo quando não há uma resposta evidente. Em vez de buscar segurança ilusória, o líder crítico aprende a mapear riscos, criar alternativas e agir com discernimento, mesmo no nevoeiro.

TIPOS DE INCERTEZA E SEUS IMPACTOS NO RACIOCÍNIO

Um dos maiores erros que líderes cometem ao tomar decisões em contextos instáveis é tratar todas as incertezas como se fossem da mesma natureza. Mas nem toda incerteza é igual e, portanto, não deve ser enfrentada com os mesmos instrumentos mentais. Uma parte fundamental do pensamento crítico consiste em classificar corretamente o tipo de incerteza que se tem pela frente. Essa classificação muda radicalmente o modo como se raciocina, investiga e decide.

Podemos dividir a incerteza em três grandes categorias: técnica, estrutural e profunda. A incerteza técnica é aquela em que há lacunas de informação, mas, em tese, elas são preenchíveis. Falta um dado, um número, uma pesquisa, uma métrica, mas os mecanismos de apuração e validação existem e estão disponíveis. É o tipo de incerteza mais resolúvel.

Exemplos incluem: não saber o *ROI* exato de uma campanha porque o sistema de mensuração está incompleto, ou ter dúvidas sobre o desempenho de um novo canal de vendas ainda em teste.

Nesse tipo de incerteza, a ação recomendada é investigar, mensurar, testar. A resposta virá da coleta rigorosa de dados, da modelagem de cenários com base em evidências e da verificação empírica de hipóteses. Trata-se de um campo em que o pensamento científico é plenamente aplicável: há perguntas claras, respostas objetivas e métodos razoáveis de validação.

Já a incerteza estrutural diz respeito a situações em que o próprio sistema no qual o problema está inserido está passando por transformações. A estrutura muda e, com ela, as regras do jogo. Nesse caso, buscar apenas mais dados pode ser insuficiente ou até enganoso. O que funcionava antes pode deixar de funcionar. Modelos preditivos, por mais sofisticados que sejam, perdem precisão quando o ambiente de referência se torna instável. É o caso de empresas impactadas por mudanças regulatórias bruscas, transformações tecnológicas que reconfiguram cadeias de valor ou alterações profundas no comportamento do consumidor.

Nesses contextos, o pensamento crítico exige flexibilidade cognitiva. A lógica muda de "prever com precisão" para "adaptar com agilidade". O papel da liderança é criar estruturas que aprendam, como testes *A/B* contínuos, ciclos curtos de *feedback* e experimentações reversíveis, e tomar decisões que permitam ajuste posterior. O foco não é controlar, mas navegar.

Por fim, temos a incerteza profunda, aquela em que os eventos são imprevisíveis, as relações de causa e efeito são obscuras e não há modelo que ofereça respostas confiáveis. Aqui habitam os *cisnes negros* de Nassim Taleb: pandemias, colapsos financeiros, rupturas políticas, viradas culturais inesperadas. Não é possível antecipar esses eventos com precisão, mas é possível se preparar para lidar com eles.

Nesse cenário, o pensamento crítico muda novamente: passa a se basear em princípios, antifragilidade e resiliência. Não se trata de acertar previsões, mas de tomar decisões que sejam robustas mesmo diante de choques inesperados. Líderes que reconhecem a existência da incerteza profunda evitam compromissos irreversíveis, mantêm margens de segurança e trabalham com múltiplas apostas em vez de uma única grande escolha.

O erro mais comum, porém, é tratar incertezas profundas como se fossem técnicas. Executivos exigem relatórios de precisão milimétrica sobre o imprevisível ou assumem compromissos rígidos em contextos fluidos. Outro erro é tratar problemas adaptativos como se fossem de engenharia, aplicando soluções lineares a sistemas não lineares. Esses equívocos não são apenas conceituais; custam caro e, às vezes, são irreversíveis.

Saber em que tipo de incerteza você está operando é, portanto, a primeira decisão crítica. Isso define o tipo de informação que deve ser buscada, o tipo de raciocínio que deve ser aplicado e o grau de flexibilidade necessário no processo decisório. Um líder supercrítico não busca eliminar a incerteza; ele busca nomeá-la corretamente e agir de forma coerente com a sua natureza.

Um líder supercrítico não busca eliminar a incerteza; ele busca nomeá-la corretamente e agir de forma coerente com a sua natureza.

A TENTAÇÃO DO EXCESSO DE CONFIANÇA E DAS "RESPOSTAS RÁPIDAS"

A incerteza, por definição, gera desconforto. E a mente humana tem baixa tolerância ao desconforto cognitivo. Quando confrontados com ambiguidade ou ausência de respostas claras, muitos líderes reagem com precipitação racional: saltam para conclusões antes que as variáveis estejam maduras, tomam decisões com base em fragmentos de informação ou se apoiam em suposições travestidas de certeza. O problema não é decidir, é decidir com uma convicção que o contexto não justifica.

Esse comportamento tem um nome bem documentado na literatura: viés de excesso de confiança. Trata-se da tendência de sobrestimar a precisão do próprio julgamento, mesmo (ou especialmente) quando o ambiente é instável. O executivo acredita que já viu esse tipo de situação antes, que tem "intuição de mercado" ou que a solução é "óbvia para quem conhece o negócio". Esse tipo de narrativa interna desativa o pensamento crítico e abre espaço para decisões míopes.

O excesso de confiança é duplamente perigoso: ele elimina a dúvida produtiva e inibe o debate saudável. Ao criar uma ilusão de controle, silencia sinais de alerta e pressiona a organização a seguir uma direção antes de compreender plenamente os riscos. Não é raro ver decisões estratégicas — fusões, aquisições, mudanças de modelo de negócio — sendo tomadas com base em convicções mal examinadas, com impactos duradouros e difíceis de reverter.

Outro impulso típico em contextos de incerteza é a busca por respostas rápidas. Em vez de mapear alternativas, testar hipóteses ou considerar reversibilidade, o líder se vê pressionado a dar uma resposta imediata, muitas vezes para proteger sua autoridade, reduzir a ansiedade organizacional ou mostrar agilidade. No entanto, agir rapidamente é muito diferente de agir bem. A velocidade pode ser uma virtude, mas só quando está amparada em raciocínio claro e estrutura decisória robusta.

A tecnologia e a cultura da performance constante agravam esse fenômeno. Ferramentas de inteligência artificial prometem respostas em segundos, *dashboards* entregam centenas de indicadores em tempo real e o ciclo de decisões se acelera a cada trimestre. No entanto, o que está mais disponível nem sempre está mais claro. O acesso instantâneo à informação cria a ilusão de que estamos mais bem informados, quando, na verdade, podemos estar apenas mais expostos ao ruído.

Decidir sob incerteza exige resistir à tentação da velocidade pela velocidade. Exige criar pausas críticas no processo decisório, momentos em que se formula a pergunta certa, se desafia a hipótese dominante e se explora o que ainda não foi considerado. A boa decisão não é apenas a mais rápida nem a mais bem embalada, é aquela que sobrevive ao escrutínio, mesmo depois que o entusiasmo passa.

A boa decisão não é apenas a mais rápida nem a mais bem embalada, é aquela que sobrevive ao escrutínio, mesmo depois que o entusiasmo passa.

FERRAMENTAS PARA DECIDIR SOB INCERTEZA

Decidir sem garantias é parte do trabalho de liderar. Mas isso não significa agir no escuro. O pensamento crítico oferece um conjunto de ferramentas que permitem agir com lucidez mesmo diante de ambiguidade, pressão e dados incompletos. A seguir, apresentamos dez ferramentas que ajudam o líder a transformar incerteza em ação responsável e adaptativa.

1. Construção de cenários

Mapear múltiplos futuros plausíveis e preparar estratégias para cada um permite agir por antecipação e reconhecer padrões emergentes antes da concorrência.

- Exemplo: um hospital privado desenvolve três cenários sobre demanda por planos de saúde, aumento por envelhecimento da população, estagnação por crise econômica ou transição digital. Para cada cenário, elabora planos distintos de investimento e comunicação.

2. Apostas distribuídas

Em vez de escolher um único caminho, o líder aloca recursos em múltiplas alternativas, testando mais de uma direção ao mesmo tempo.

- Exemplo: uma *edtech* investe simultaneamente em três formatos de curso (ao vivo, sob demanda e híbrido), enquanto observa qual tem melhor aceitação em diferentes segmentos de cliente.

3. Princípios-guia

Tomar decisões com base em valores, não apenas em previsões. Em tempos voláteis, princípios consistentes funcionam como âncoras para decisões éticas e coerentes.

- Exemplo: durante uma reestruturação, uma empresa que valoriza a transparência opta por informar as equipes de forma clara e antecipada, mesmo sem ter todas as respostas, porque considera isso parte de sua identidade institucional.

4. Decisões reversíveis *versus* irreversíveis

Avaliar se a escolha pode ser desfeita ou ajustada. As reversíveis podem ser tomadas com mais agilidade; as irreversíveis exigem mais cautela e evidência.

- Exemplo: uma rede de restaurantes testa uma nova receita em lojas-piloto antes de lançá-la nacionalmente, porque mudar uma receita local é reversível, mas comprometer o cardápio nacional não é.

5. Experimentação estruturada

Transformar decisões em experimentos. Testar hipóteses em pequena escala permite aprender rápido, corrigir rumos e reduzir custos de erro.

- Exemplo: uma *startup* testa uma nova política de precificação em dois estados antes de aplicá-la nacionalmente. O piloto permite ajustes antes da escala.

6. Análise de opções reais

Avaliar decisões como investimentos em opções futuras, considerando o valor de manter alternativas abertas.

- Exemplo: uma empresa de logística adquire uma participação minoritária em uma *startup* de drones, não para usá-la agora, mas para manter a opção estratégica de expandir para entregas autônomas caso o mercado evolua nessa direção.

7. Redundância inteligente

Criar margens de segurança deliberadas (estoque extra, planos B, fornecedores alternativos) para ganhar tempo ou resiliência em caso de erro ou choque externo.

- Exemplo: uma indústria farmacêutica mantém dois fornecedores de princípios ativos, mesmo com custo maior, como proteção contra disrupções em cadeias globais.

8. Tomada de decisão em múltiplas rodadas

Dividir a decisão em etapas, com pontos de verificação definidos para reavaliar premissas e dados antes de avançar.

- Exemplo: um fundo de investimento libera capital para uma *startup* em três fases, condicionado a marcos de aprendizado e resultados intermediários.

9. Engenharia reversa de falhas

Imaginar o pior cenário e trabalhar para entender o que poderia levar a ele. Técnica também conhecida como *pré-mortem*.

- Exemplo: antes de lançar um novo aplicativo, a equipe lista possíveis falhas graves — baixa adesão, *bugs* críticos, rejeição por parte de usuários-chave — e toma medidas preventivas para cada uma.

10. Matriz de impacto × incerteza

Classificar decisões conforme o impacto potencial e o grau de incerteza. Serve para priorizar esforços analíticos e distinguir o que merece investigação profunda e o que pode ser tratado com agilidade.

- Exemplo: uma seguradora decide que mudanças com alto impacto e alta incerteza, como entrar em um novo nicho de mercado, exigem simulações robustas, enquanto ajustes operacionais rotineiros podem ser decididos com dados parciais.

Essas ferramentas não eliminam o risco, mas ajudam a tratá-lo com inteligência, calibrando julgamento, *timing* e estrutura. No mundo das superdecisões, o segredo não é evitar a incerteza, é decidir bem mesmo com ela.

Tabela 1 Dez ferramentas para decidir sob incerteza

Ferramenta	Função e estratégia
Construção de Cenários	Explorar futuros possíveis e preparar respostas
Apostas Distribuídas	Dividir recursos entre alternativas estratégicas
Princípios-Guia	Guiar decisões por valores e coerência
Decisões Reversíveis vs. Irreversíveis	Avaliar risco de irreversibilidade e ajustar ação
Experimentação e Evolutividade	Testar hipóteses e evoluir decisões
Análise de Opções Reais	Manter opções estratégicas abertas
Realinhamento Inteligente	Criar margens de segurança deliberadas
Tomada em Múltiplas Rodadas	Fatiar a decisão com checkpoints críticos
Engenharia Reversa de Falhas	Antecipar falhas e prevenir o fracasso
Matriz de Impacto e Incerteza	Classificar ações segundo impacto e incerteza

Fonte: do autor.

FRAMEWORK: MATRIZ DE DECISÃO CRÍTICA SOB INCERTEZA

Quando o cenário é incerto, o instinto pode falhar, mas a estrutura pode ajudar. A Matriz de Decisão Crítica sob Incerteza oferece um mapa simples, porém poderoso, para pensar antes de agir. Ela cruza dois eixos essenciais para qualquer decisão em tempos instáveis:

- Grau de **incerteza:** o quanto sabemos (ou não) sobre a situação?
- Grau de **impacto:** quão grande é o efeito potencial, positivo ou negativo, da decisão?

O cruzamento desses dois fatores gera quatro zonas decisórias, cada uma com uma abordagem recomendada.

Tabela 2 Matriz de decisão crítica sob incerteza.

	Incerteza baixa	Incerteza alta
Impacto baixo	**Decisão ágil**	**Teste rápido**
(risco pequeno, contexto claro)	Aja com velocidade, simplifique o processo.	Faça experimentos pequenos, com ciclo curto de aprendizado.
Impacto alto	**Execução estruturada**	**Cautela estratégica**
(decisão crítica, com contexto estável)	Use dados, simulações, validações formais.	Retarde decisões irreversíveis, busque sinais, desenhe alternativas.

Fonte: do autor.

Zona 1: Decisão ágil (baixo impacto, baixa incerteza)

São decisões rotineiras, com baixo risco. Aqui, a agilidade é mais valiosa que a perfeição. Evite paralisia analítica.

- Exemplo: ajustar o horário de uma reunião semanal ou trocar o fornecedor de papelaria.

Zona 2: Teste rápido (baixo impacto, alta incerteza)

Quando o impacto é limitado, mas a incerteza é grande, o melhor caminho é experimentar. Testes curtos com *feedback* real geram aprendizado e revelam riscos ocultos.

- Exemplo: lançar uma nova funcionalidade para um grupo reduzido de clientes e observar seu comportamento antes de escalar.

Zona 3: Execução estruturada (alto impacto, baixa incerteza)

São decisões com grande consequência e contexto previsível. Exigem dados sólidos, avaliação de riscos, plano de ação robusto e clareza de responsabilização.

- Exemplo: expandir uma operação para uma nova região com base em dados robustos de mercado e capacidade operacional validada.

Zona 4: Cautela estratégica (alto impacto, alta incerteza)

O quadrante mais delicado. São decisões que podem mudar o destino da empresa, mas cujo contexto ainda está nublado. Aqui, o foco é reduzir a incerteza antes de comprometer grandes recursos: realizar pilotos, buscar sinais fracos e evitar irreversibilidade.

- Exemplo: investir em uma nova tecnologia disruptiva, como *IA generativa*, sem histórico de *ROI* comprovado nem maturidade interna para adoção imediata.

EXERCÍCIO

Objetivo: exercitar o julgamento crítico em um cenário com incerteza real, múltiplas variáveis e dados incompletos. O foco é praticar a construção de hipóteses, o uso das ferramentas do capítulo e a consciência das limitações da decisão.

Cenário: expansão incerta

Você é o CEO de uma empresa de tecnologia educacional que atua no Brasil e na Colômbia. Nas últimas semanas, sua equipe comercial propôs expandir as operações para o México, onde houve um aumento de demanda por plataformas de ensino digital no setor público.

O contexto é promissor, mas incerto:

- há dados limitados sobre o comportamento do consumidor local;
- a concorrência é forte e bem estabelecida;
- as leis de contratação pública mudaram recentemente;
- sua empresa ainda está integrando as operações na Colômbia;
- o CFO alerta para a capacidade financeira limitada nos próximos dois trimestres.

Uma grande ONG educacional sinalizou interesse em parceria, mas não confirmou compromisso formal.

Tarefa do leitor

1. **Classifique a natureza da incerteza:**
   Quais elementos são incertos? Quais são estruturais, técnicas ou profundas?

2. **Aplique a matriz impacto × incerteza:**
   Esta decisão é de alto ou baixo impacto? Quão alto é o grau de incerteza? Em que quadrante você colocaria essa decisão?

3. **Liste hipóteses críticas que precisam ser testadas:**
   O que precisa ser validado antes de seguir adiante?

4. **Sugira pelo menos duas ferramentas das dez apresentadas no capítulo que você usaria para decidir com mais segurança neste caso.**
5. **Esboce um plano de ação com horizonte de 90 dias, baseado em aprendizado progressivo, não em execução total.**

REFLEXÃO FINAL

Em vez de perguntar "devemos ou não entrar no México?", pergunte:

"Qual seria a maneira mais inteligente de descobrir se devemos entrar, sem comprometer demais?"

SÍNTESE DO CAPÍTULO

Neste capítulo, vimos que a incerteza não é um obstáculo à decisão, é o terreno natural onde as decisões mais estratégicas acontecem. O pensamento crítico, diante do desconhecido, não busca apenas certezas, busca clareza, estrutura e consciência dos limites do saber. Aprendemos a distinguir diferentes tipos de incerteza (técnica, estrutural e profunda) e a reconhecer que cada uma delas exige uma lógica decisória diferente.

Discutimos os perigos do excesso de confiança e da velocidade mal calibrada. A tentação de decidir rápido, de parecer assertivo, pode levar a decisões frágeis, baseadas mais em impulso do que em análise. Em contrapartida, mostramos como ferramentas como experimentação, apostas distribuídas, decisões reversíveis e análise de impacto *versus* incerteza ajudam o líder a agir com lucidez mesmo sem garantias.

Com o apoio da Matriz de Decisão Crítica sob Incerteza, o leitor ganhou uma estrutura simples, porém poderosa, para posicionar suas escolhas e adaptar seu estilo decisório ao contexto. Por fim, o exercício de simulação reforçou a prática do julgamento crítico em condições reais, exatamente como ocorre no dia a dia de lideranças complexas.

No mundo da superdecisão, agir bem não é saber tudo, é decidir com inteligência mesmo quando se sabe pouco.

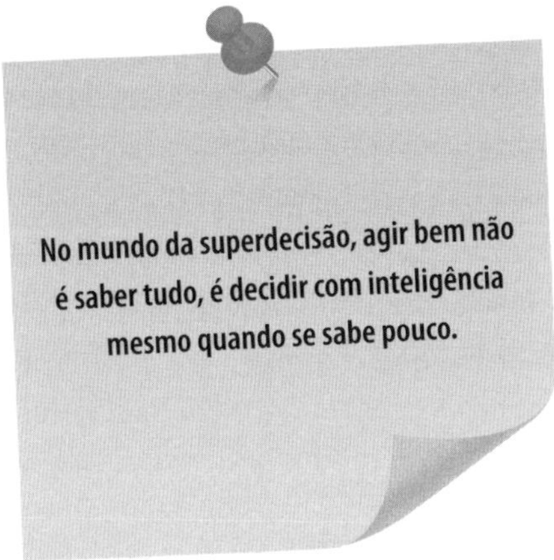

10

Cultura da superdecisão: criando um ambiente que pensa com clareza

INTRODUÇÃO

Muitas organizações acreditam que suas decisões refletem competência técnica, inteligência coletiva e dados bem tratados. Mas, na prática, boa parte das escolhas estratégicas ainda nasce de convenções não questionadas, hierarquias silenciosas e de um ambiente que recompensa a rapidez da resposta mais do que a qualidade da pergunta. O pensamento crítico, quando existe, é muitas vezes restrito a poucos indivíduos, geralmente em cargos de liderança. O problema é que decisão é prática coletiva, e uma boa cultura pode ampliar, ou sabotar, a clareza de pensamento em todos os níveis.

Criar uma cultura da superdecisão não significa exigir que todos pensem igual, mas sim que todos pensem melhor. Isso requer ambientes em que o questionamento seja seguro, a dúvida seja bem-vinda, a escuta seja ativa e a revisão de ideias não seja sinal de fraqueza, mas de maturidade. Nessas organizações, os rituais e os símbolos reforçam que a clareza importa mais do que a velocidade, que a qualidade da argumentação importa mais do que a fonte de autoridade e que errar com consciência é preferível a acertar por acaso.

Este capítulo propõe ferramentas e práticas para transformar o pensamento crítico de um traço individual em um atributo cultural. Ele mostra que a clareza coletiva é uma construção e que líderes comprometidos com a superdecisão não apenas tomam boas decisões, mas criam sistemas em que boas decisões se tornam mais prováveis.

BARREIRAS CULTURAIS À CRÍTICA CONSTRUTIVA E À DÚVIDA PRODUTIVA

A maioria das organizações diz valorizar o pensamento crítico, mas poucas criam condições reais para que ele floresça. Uma das barreiras mais persistentes é a aversão à dúvida. Em culturas que associam incerteza a fraqueza ou indecisão, fazer perguntas pode ser interpretado como falta de preparo. A dúvida, que deveria ser motor de clareza, passa a ser vista como obstáculo ao progresso. Essa lógica inibe a exploração de alternativas e transforma o alinhamento superficial em virtude.

Outra barreira comum é a hierarquia autoritária, onde questionar superiores é culturalmente desencorajado, mesmo que o erro seja evidente. Nessas organizações, o silêncio muitas vezes é interpretado como lealdade, e a crítica é confundida com desafio pessoal. Assim, boas ideias morrem antes de serem ouvidas e decisões ruins ganham força pela ausência de oposição. Em vez de espaço para questionamento, cria-se uma cultura de simulação de concordância.

A pressa institucionalizada também mina o pensamento crítico. Quando o mantra da agilidade vira dogma, a reflexão profunda é vista como perda de tempo. Reuniões se tornam espaços para decisões rápidas e superficiais, onde questionar significa atrasar o fluxo. A cultura da velocidade absoluta suprime a qualidade da análise, reduz a diversidade de pontos de vista e valoriza a aparência de produtividade em detrimento da substância.

A cultura da velocidade absoluta suprime a qualidade da análise, reduz a diversidade de pontos de vista e valoriza a aparência de produtividade em detrimento da substância.

Outro obstáculo é o otimismo excessivo, que mascara riscos reais com discursos motivacionais. Em culturas assim, levantar preocupações é visto como "jogar contra o time" ou "espalhar negatividade". O resultado é que riscos não são antecipados, falhas se repetem e ninguém se responsabiliza. A crítica, mesmo construtiva, é suprimida em nome de uma falsa coesão emocional.

A politização das decisões representa uma barreira mais sutil, porém corrosiva. Quando ideias são julgadas mais pela origem (quem disse) do que pelo conteúdo (o que foi dito), o pensamento crítico é derrotado antes de começar. Nessas culturas, a lógica perde para a diplomacia interna, e as melhores análises são engavetadas por não se alinharem à política dominante.

Há também o fetiche pela resposta certa. Organizações que premiam quem responde rápido, e não quem pergunta bem, acabam promovendo a aparência de clareza em vez da busca real por compreensão. Isso gera um ambiente onde errar é perigoso e mudar de opinião é sinal de fraqueza. A dúvida produtiva, base do pensamento crítico, é descartada como hesitação.

Outro fator crítico é a falta de segurança psicológica. Quando as pessoas têm medo de retaliação, constrangimento ou isolamento por trazer um ponto de vista divergente, elas se calam. A cultura da conformidade se impõe, não por convicção, mas por autoproteção. Sem vozes discordantes, as decisões perdem perspectiva e a organização perde resiliência.

A valorização do especialista intocável também bloqueia a crítica construtiva. Em vez de serem fontes de conhecimento disponíveis ao debate, especialistas são tratados como oráculos cuja palavra não pode ser contestada. Isso paralisa a aprendizagem coletiva e afasta os profissionais mais jovens ou periféricos de contribuir com perguntas relevantes.

Em alguns ambientes, há uma confusão entre harmonia e omissão. O discurso da boa convivência é usado para evitar conflitos, quando, na verdade, impede a fricção produtiva. Mas sem fricção não há polimento, e sem confronto saudável não há crescimento cognitivo. A crítica construtiva é essencial para refinar ideias e fortalecer decisões.

Por fim, há o paternalismo gerencial, em que líderes acreditam que proteger seus times da complexidade ou da dúvida é um ato de cuidado. Ao simplificar demais os problemas ou impor decisões sem contexto, reduzem a capacidade de julgamento dos liderados. E, ironicamente, produzem equipes menos capazes de pensar por conta própria, justamente o oposto de uma cultura crítica.

LIDERANÇA PELO EXEMPLO: PERGUNTAS, ESCUTA, REVISÃO DE DECISÃO

Em culturas organizacionais que valorizam o pensamento crítico, a liderança não apenas define metas, mas define o modo de pensar. A maneira como líderes fazem perguntas, ouvem respostas e revisam suas decisões influencia mais a cultura do que qualquer código de conduta. Quando o líder evita perguntas difíceis, rejeita opiniões divergentes ou insiste em estar sempre certo, transmite a mensagem de que o questionamento é perigoso. Mas quando demonstra humildade, curiosidade e disposição para mudar de ideia, cria espaço para que os outros façam o mesmo.

O primeiro gesto de liderança crítica é fazer boas perguntas. Em vez de "quem errou?", perguntar "o que aprendemos?". Em vez de "quanto falta para entregar?", perguntar "qual o risco de entregarmos algo irrelevante?". Perguntas assim deslocam o foco do controle para o entendimento e sinalizam que o líder valoriza a reflexão, não apenas a execução. A equipe percebe que o importante não é parecer certa, mas pensar melhor.

O primeiro gesto de liderança crítica é fazer boas perguntas. Em vez de "quem errou?", perguntar "o que aprendemos?". Em vez de "quanto falta para entregar?", perguntar "qual o risco de entregarmos algo irrelevante?".

A escuta é o segundo eixo dessa prática exemplar. Mas não se trata de escutar para responder, e sim de escutar para compreender. Líderes que escutam com intenção crítica prestam atenção às palavras, mas também às hesitações, às ausências e aos padrões de silêncio. Criam reuniões em que as vozes discordantes são acolhidas e em que ideias frágeis podem ser testadas sem medo. Essa escuta ativa é a base da segurança psicológica e do aprendizado coletivo.

Por fim, talvez o gesto mais poderoso de um líder crítico seja revisar decisões à luz de novas evidências. Demonstrar publicamente que uma decisão anterior foi reavaliada e ajustada não enfraquece a autoridade, fortalece a legitimidade. Isso ensina à organização que mudar de ideia diante de novos dados não é sinal de incerteza, mas de maturidade estratégica. Ao tornar a revisão visível, o líder desnormaliza a rigidez e convida todos à melhoria contínua do pensamento.

Liderar pelo exemplo, portanto, não é apenas agir de maneira ética ou eficaz, é cultivar nos outros a capacidade de pensar com clareza, mesmo (e sobretudo) quando isso implica discordar de você.

Para que esse modelo de liderança seja consistente, ele precisa aparecer não apenas nas grandes decisões, mas também no cotidiano. Um dos erros mais comuns de líderes bem-intencionados é comunicar abertura ao pensamento crítico, mas agir de forma punitiva ou defensiva diante do primeiro questionamento. Quando um colaborador traz uma preocupação legítima e recebe como resposta uma justificativa apressada ou uma mudança de assunto, a mensagem implícita é clara: melhor não levantar dúvidas. O exemplo só se torna cultura quando é repetido com coerência, inclusive sob pressão.

Além disso, a liderança crítica sabe usar o erro como insumo, não como ameaça. Um gestor que compartilha seus próprios erros passados e descreve o que aprendeu com eles sinaliza que o julgamento não está no erro em si, mas na forma como ele é tratado. Esse tipo de abertura humaniza a liderança, aproxima a equipe e reduz o medo de experimentar, condição fundamental para a aprendizagem organizacional. O líder crítico não glorifica o erro, mas o transforma em *insight* coletivo.

Por fim, vale lembrar que a cultura se molda por repetição e visibilidade. Um bom exemplo de liderança crítica precisa ser visível e comentado. Quando uma decisão é reformulada porque uma pergunta desafiadora foi acolhida, essa história precisa circular. Quando uma escuta atenta gerou uma mudança relevante, isso deve ser reconhecido. A liderança pelo exemplo, para virar cultura, precisa ser também narrativa organizacional. O que se valoriza em silêncio não se transforma em hábito.

MICROPRÁTICAS PARA FOMENTAR CULTURA CRÍTICA EM EQUIPES

Criar uma cultura de pensamento crítico não exige grandes reformas nem declarações visionárias; exige micropráticas consistentes que moldam o dia a dia das decisões. Essas práticas, pequenas na forma mas profundas no impacto, ajudam a criar novos hábitos cognitivos, desnormalizar o conformismo e legitimar a dúvida produtiva.

Criar uma cultura de pensamento crítico não exige grandes reformas nem declarações visionárias; exige micropráticas consistentes que moldam o dia a dia das decisões.

Uma microprática poderosa é começar reuniões com uma pergunta de escopo crítico, como: "O que ainda não sabemos sobre esse problema?" ou "Se isso der errado, o que provavelmente terá sido ignorado?". Essa simples mudança desloca o foco da execução imediata para a exploração consciente do contexto. Cria-se um espaço em que a dúvida tem lugar legítimo e onde o erro pode ser prevenido antes de se materializar.

Outra prática eficaz é o assento da objeção: em discussões importantes, convida-se explicitamente uma pessoa (ou, rotativamente, todos os membros) a fazer o papel do desafiador construtivo. Seu papel é identificar riscos, pressupostos não testados ou caminhos alternativos. Quando esse papel é institucionalizado, o grupo aprende que questionar não é oposição, é contribuição.

Um ritual simples, mas transformador, é encerrar reuniões com a pergunta: "O que decidimos com clareza e o que ainda está nebuloso?". Isso treina o grupo a reconhecer incertezas remanescentes, evita alinhamentos ilusórios e reforça a importância da precisão mental. É uma forma prática de combater o viés da falsa clareza e promover a revisão contínua das premissas.

Micropráticas também envolvem modelos de comunicação, como elogiar explicitamente uma pergunta crítica bem formulada, valorizar quem traz uma perspectiva não óbvia ou reconhecer publicamente uma mudança de opinião baseada em novos dados. Esses sinais sociais têm efeito multiplicador: mostram que a cultura valoriza mais o rigor do que o ego, mais a escuta do que o status, mais a clareza do que a pressa.

Outro gesto poderoso é implementar, após decisões estratégicas, sessões de autópsia sem culpa, em que o foco é entender o que funcionou, o que falhou e por quê, sem buscar culpados. Esse tipo de análise retroativa ensina a organização a aprender de forma estruturada e promove um ciclo de melhoria do julgamento coletivo.

Por fim, líderes podem usar minutos de reflexão crítica: ao fim de um projeto ou *sprint*, cada membro responde anonimamente a três perguntas: "O que ignoramos?", "Onde exageramos?" e "O que deveríamos ter perguntado antes?". As respostas são discutidas coletivamente e transformadas em aprendizados futuros. Em pouco tempo, esse exercício eleva o nível das próximas decisões.

FRAMEWORK: DIAGNÓSTICO DE MATURIDADE CRÍTICA DA CULTURA ORGANIZACIONAL

Criar uma cultura em que o pensamento crítico é praticado de forma ampla requer mais do que boas intenções; exige clareza sobre o estágio atual da organização. Para isso, propomos o Diagnóstico de Maturidade Crítica, um *framework* que ajuda líderes e equipes a mapear o nível de desenvolvimento cultural em cinco dimensões essenciais.

Cada dimensão pode ser avaliada em quatro níveis de maturidade: inibida, tolerada, incentivada e integrada. O objetivo não é julgar a organização, mas fornecer um mapa realista para orientar a evolução cultural (Tabela 1).

Este diagnóstico pode ser aplicado em *workshops*, comitês estratégicos ou como parte de um programa de transformação cultural. Ele não apenas indica o ponto de partida, mas oferece linguagem e foco para as conversas que precisam acontecer.

A mudança cultural não se impõe, ela se constrói com clareza, exemplo e persistência. Esse *framework* torna visível o que antes era implícito e oferece um caminho para que a cultura da superdecisão deixe de ser exceção e se torne norma.

Tabela 1 Diagnóstico de maturidade crítica da cultura organizacional.

Dimensão	Inibida	Tolerada	Incentivada	Integrada
1. Questionamento	Questionar é malvisto ou punido	É permitido em alguns contextos, com cautela	É valorizado, desde que respeite certos limites	É parte natural do diálogo esperado e protegido
2. Escuta ativa	Interrupções e respostas defensivas são comuns	Escuta ocorre, mas é superficial	Há escuta genuína em reuniões estratégicas	Escuta profunda é praticada e ensinada como competência organizacional
3. Revisão de decisões	Decisões são rígidas e dificilmente revisitadas	Há abertura esporádica para rever caminhos	Revisões são encorajadas diante de novas evidências	Rever decisões é rotina institucional, sinal de maturidade
4. Tratamento de erros	Erros são ocultados ou punidos	São discutidos apenas se não afetarem hierarquias	São analisados em busca de aprendizado	São oportunidades formais de aprendizado coletivo
5. Uso de evidências	Opiniões prevalecem sobre dados	Dados são usados de forma seletiva	Evidências são buscadas, mas ainda com viés	As decisões são ancoradas em evidências múltiplas e testadas criticamente

Fonte: do autor.

EXERCÍCIO

Este exercício tem como objetivo ajudar líderes e equipes a transformar diagnósticos em ação. Após aplicar o *Framework de Maturidade Crítica*, o grupo deve refletir sobre quais práticas concretas podem ser implementadas, reforçadas ou transformadas em cada uma das dimensões analisadas.

Passo 1: escolha três dimensões com menor maturidade identificada no diagnóstico

- Por exemplo: questionamento, revisão de decisões e tratamento de erros.

Passo 2: para cada uma dessas dimensões, responda às perguntas

1. O que já existe hoje que apoia essa prática?
   Exemplo: "Temos reuniões de retrospectiva após projetos."

2. O que está atrapalhando o avanço dessa prática?
   Exemplo: "Os líderes não admitem erro em público."

3. Quais microiniciativas poderiam reforçar essa dimensão nos próximos 30 dias?
   Exemplo: "Criar uma rodada final em reuniões para identificar suposições não discutidas."

Passo 3: monte o mapa de iniciativas

- Você pode estruturar assim (Tabela 2):

Tabela 2 Planilha de iniciativas.

Dimensão	Barreira atual	Prática existente	Nova iniciativa (30 dias)
Questionamento	Clima de punição ao erro	Algumas lideranças fazem perguntas abertas	Incluir o "assento da objeção" em reuniões estratégicas
Revisão de decisões	Decisões são vistas como definitivas	*Feedback* pós-projeto existe	Criar sessão mensal de "decisões revisitadas"
Tratamento de erros	Medo de exposição pública	Canal anônimo para alertas	Compartilhar um erro real e lição aprendida por mês na intranet

Fonte: do autor.

Passo 4: agir

- Escolha pelo menos uma iniciativa por dimensão para colocar em prática. Marque responsáveis e datas. Reflita após 30 dias sobre aprendizados, resistências e novos passos.

Este exercício mostra que fomentar uma cultura crítica não é um ato heroico, é um movimento incremental, disciplinado e coletivo, iniciado com clareza de propósito e coragem para mudar.

SÍNTESE DO CAPÍTULO

Neste capítulo, exploramos como o pensamento crítico, para além de uma habilidade individual, pode, e deve, tornar-se uma prática coletiva, cultivada e sustentada pela cultura organizacional. Começamos analisando como a cultura influencia o julgamento coletivo, revelando que decisões ruins muitas vezes não derivam de incompetência técnica, mas de ambientes que desincentivam a dúvida, a escuta e o questionamento.

Mapeamos dez barreiras culturais que sabotam a crítica construtiva e a dúvida produtiva, como a pressa institucionalizada, o medo de errar, o culto ao especialista e o otimismo cego. Mostramos como líderes, pelo exemplo, têm o poder de inverter essa lógica: com perguntas poderosas, escuta genuína e disposição para revisar decisões publicamente.

Apresentamos micropráticas acessíveis e replicáveis que ajudam a construir essa cultura no cotidiano, desde a adoção de rituais de escuta até a institucionalização da crítica como contribuição estratégica. O *Framework* de Diagnóstico de Maturidade Crítica ofereceu um instrumento prático para avaliar o estágio atual da organização e orientar seu desenvolvimento.

Finalizamos com o Mapa de Iniciativas de Cultura para Pensamento Claro, transformando percepção em ação. A cultura da superdecisão é uma construção contínua: não nasce de slogans, mas de exemplos visíveis, decisões revisáveis e práticas que tornam a dúvida não um problema, mas uma virtude.

No próximo capítulo, vamos colocar o pensamento crítico diante de seu maior teste: a ética. Como decidir com responsabilidade em contextos de poder, ambiguidade e consequências duradouras?

11

Decisões com responsabilidade: ética, poder e consequências

INTRODUÇÃO

Vivemos uma era em que as decisões executivas têm impacto profundo, não apenas sobre o lucro ou o desempenho, mas sobre vidas, comunidades e o próprio tecido social. Com o avanço da inteligência artificial, a automação de escolhas e a ampliação do alcance das decisões, o líder contemporâneo não pode mais separar competência de consciência. O pensamento crítico precisa incorporar a ética como parte indissociável do bom julgamento.

Frequentemente, os dilemas éticos não aparecem como questões morais explícitas, mas como decisões de negócio aparentemente neutras: lançar ou não um produto, usar ou não determinado dado, terceirizar ou não uma operação. No entanto, por trás de cada decisão existem interesses afetados, riscos invisíveis, consequências não intencionais e o uso do poder. O líder crítico não apenas decide com lógica e evidência, mas com responsabilidade ampliada.

Neste capítulo, vamos explorar como o pensamento crítico pode ser uma ferramenta de reflexão ética. Vamos entender por que decisões difíceis não exigem apenas análise, mas consciência. E oferecer um *framework* prático para navegar essas escolhas de modo justo, transparente e sustentável. Porque, na era da superdecisão, a clareza sem responsabilidade é apenas técnica. E o verdadeiro poder é aquele que pensa nas consequências antes de agir.

O PODER DE DECIDIR E O PESO DAS CONSEQUÊNCIAS NÃO INTENCIONAIS

Tomar decisões em cargos de liderança é, acima de tudo, um exercício de poder. E com o poder vem não apenas a responsabilidade pelos resultados pretendidos, mas também pelas consequências não intencionais. São essas consequências, invisíveis na hora da escolha, mas reais no seu impacto, que diferenciam decisões tecnicamente corretas de decisões verdadeiramente responsáveis.

Considere um exemplo real: uma empresa decide automatizar seu processo de atendimento ao cliente com um sistema de IA para reduzir custos e aumentar a eficiência. A decisão, à primeira vista, é baseada em dados claros: diminuição do tempo médio de atendimento, redução de *headcount*, aumento da produtividade. No entanto, meses depois, surgem efeitos colaterais: aumento da frustração dos clientes com respostas genéricas, queda no NPS, reclamações públicas nas redes sociais e perda de contratos com grandes contas. Nenhuma dessas consequências foi "decidida", mas todas foram geradas pela decisão.

Esse é o ponto central da ética aplicada à liderança: uma decisão não é apenas aquilo que ela pretende fazer, mas tudo o que ela efetivamente produz. A clareza técnica é importante, mas a consciência crítica exige que o líder pergunte: "O que mais pode acontecer se eu seguir esse caminho?", "Quem mais será impactado, mesmo que não esteja na sala?", "Estamos dispostos a assumir esses efeitos se eles acontecerem?".

> **Uma decisão não é apenas aquilo que ela pretende fazer, mas tudo o que ela efetivamente produz.**

O pensamento crítico responsável é aquele que amplia o campo de visão. Ele reconhece que as decisões vivem em ecossistemas complexos e que seus efeitos reverberam muito além do escopo imediato. Por isso, líderes precisam desenvolver a capacidade de imaginar cenários éticos, antecipar dilemas e reconhecer vulnerabilidades ocultas. Não se trata de paralisar a ação, mas de agir com lucidez moral.

O perigo das consequências não intencionais é que elas são, em geral, ignoradas pela lógica tradicional de desempenho. A maioria dos *KPIs* corporativos mede aquilo que foi previsto, raramente aquilo que foi omitido. Se a meta de uma nova política é reduzir custos, poucos perguntarão a que custo humano, ambiental ou reputacional essa economia será alcançada. O que não é medido não entra na avaliação, e o que não entra na avaliação não entra na consciência. O pensamento crítico ético começa por tornar visível o que costuma permanecer fora do radar.

Muitos líderes não percebem que estão operando com visão de túnel decisória. Quando pressionados por prazos, metas e expectativas do mercado, tendem a focar apenas nos resultados desejados e nos meios mais eficientes de atingi-los. Essa eficiência instrumental pode levar a decisões que parecem brilhantes na planilha, mas devastadoras na prática. O pensamento crítico responsável não rejeita a eficiência, ele a enquadra dentro de um horizonte ético mais amplo: eficiente para quem? Com que efeitos colaterais? Com base em quais valores?

Além disso, a tecnologia adiciona uma camada crítica a esse dilema. Algoritmos são ótimos para otimizar, mas não para refletir. Quando deixamos que sistemas automatizados tomem decisões por nós, de crédito, recrutamento, preços ou priorização, podemos terceirizar não apenas o raciocínio, mas também a responsabilidade. O líder crítico se recusa a dizer "foi o algoritmo" como desculpa. Ele pergunta: "O que esse algoritmo foi treinado para priorizar?", "Quem revisa suas premissas?", "Estamos monitorando as distorções que ele pode causar?"

A responsabilidade moral em decisões executivas exige que o líder aceite um fato incômodo: nem toda consequência era previsível, mas muitas eram evitáveis se o pensamento tivesse sido mais amplo, mais empático e mais atento aos sinais periféricos. Isso exige não apenas competências técnicas, mas uma ética da atenção: ouvir vozes minoritárias, considerar o longo prazo, reconhecer a assimetria de poder que existe entre quem decide e quem será impactado.

Por fim, o poder decisório responsável é aquele que se submete ao teste da transparência. Uma boa pergunta para todo líder antes de tomar uma decisão importante é: "Eu estaria confortável em justificar essa escolha, em detalhes, para todos os que serão afetados por ela?" Se a resposta for não, talvez a decisão não seja tão sólida quanto parece. A liderança ética não se define apenas pela coragem de agir, mas pela coragem de prestar contas.

PENSAMENTO CRÍTICO E RESPONSABILIDADE MORAL

Ao longo deste livro, discutimos o pensamento crítico como habilidade cognitiva: questionar, analisar, interpretar, argumentar. Mas, quando o contexto é o poder de impactar vidas, essa habilidade se transforma em dever. O pensamento crítico não serve apenas para tomar boas decisões, ele deve ser um filtro moral que impede decisões perigosamente ingênuas, inconscientes ou utilitaristas.

A responsabilidade moral começa pela consciência de que toda decisão executiva envolve escolhas entre valores. Um orçamento limitado pode exigir que se escolha entre investir em inovação ou em bem-estar da equipe. Uma estratégia comercial pode gerar crescimento, mas também exclusão. E muitas decisões operacionais são, na prática, escolhas políticas disfarçadas de lógica técnica. O pensamento crítico nos ajuda a revelar essas camadas escondidas.

Executivos responsáveis não decidem com base apenas no que é legal ou rentável, mas também no que é justo, sustentável e honesto. E isso exige que saibam reconhecer dilemas éticos, avaliar riscos invisíveis, pesar consequências de longo prazo e considerar não apenas os *stakeholders* poderosos, mas também os silenciosos. Trata-se de aplicar a lente crítica também aos próprios valores: por que acreditamos que esse caminho é o certo? Que outros valores estamos deixando de lado?

> **Executivos responsáveis não decidem com base apenas no que é legal ou rentável, mas também no que é justo, sustentável e honesto.**

Além disso, a responsabilidade moral se manifesta na forma como líderes constroem os processos decisórios. Um ambiente ético não se sustenta em intenções individuais, mas em estruturas que favorecem o pensamento crítico: comitês diversos, canais de denúncia protegidos, revisões transparentes, critérios claros para dilemas difíceis. O líder crítico sabe que não basta decidir bem, é preciso criar sistemas que protejam a qualidade da decisão coletiva.

Líderes que integram pensamento crítico e responsabilidade moral cultivam uma prática fundamental: a coragem de pensar devagar. Em vez de ceder à lógica da velocidade e da resposta imediata, impõem pausas deliberadas para refletir. Essa lentidão ética não é procrastinação, é respeito pela complexidade. É a recusa em tomar decisões importantes sem antes considerar amplamente os afetados, as alternativas éticas possíveis e os sinais contraditórios que emergem do contexto.

Outra dimensão crucial da responsabilidade moral é a disposição para rever decisões. O pensamento crítico ético não trata a decisão como um ponto final, mas como um ponto de partida para monitoramento e aprendizado. Um executivo pode acreditar firmemente que tomou a melhor decisão com base nas evidências disponíveis e, ainda assim, estar aberto a revisá-la diante de novos dados ou efeitos colaterais imprevistos. Essa abertura é sinal de maturidade ética, não de fraqueza.

Finalmente, vale destacar que a responsabilidade moral também exige clareza sobre os próprios valores. O pensamento crítico não é neutro, ele sempre se ancora em um conjunto de princípios. Por isso, líderes precisam saber nomear, comunicar e viver os valores que dizem orientar suas decisões. Quando há coerência entre o que se diz, o que se faz e o que se decide, o pensamento crítico se transforma não apenas em ferramenta de julgamento, mas em bússola de integridade.

DILEMAS ÉTICOS TÍPICOS DO EXECUTIVO NA ERA DA IA

A ascensão da inteligência artificial intensificou dilemas que já existiam na gestão e introduziu outros totalmente novos. O executivo contemporâneo, ao tomar decisões envolvendo algoritmos, dados e automação, se depara com situações em que o certo e o errado não são óbvios e onde o pensamento crítico ético se torna uma bússola indispensável.

1. Privacidade *versus* eficiência

Muitas soluções baseadas em IA requerem acesso a dados pessoais detalhados de clientes, pacientes ou colaboradores. A tentação de usar essas informações para personalização, automação ou monetização é alta. Mas até que ponto é legítimo? O que foi consentido conscientemente? Que dados são realmente necessários? O dilema: respeitar limites éticos ou avançar tecnicamente?

2. Transparência *versus* complexidade

Algoritmos sofisticados frequentemente se tornam “caixas-pretas”, difíceis de explicar até para seus criadores. Isso cria um desafio ético: como responsabilizar uma decisão tomada por um sistema opaco? O executivo precisa decidir entre adotar soluções mais compreensíveis, mas possivelmente menos eficientes, ou confiar cegamente em modelos que não sabe auditar.

3. Inclusão *versus* otimização

Algoritmos treinados com dados históricos tendem a repetir padrões existentes, inclusive discriminações. Um modelo que prevê sucesso de candidatos com base em dados passados pode, sem querer, penalizar grupos minorizados. O dilema: refinar o algoritmo para justiça ou mantê-lo como está pela eficiência preditiva?

4. Substituição *versus* requalificação

Ao implementar automações, muitas empresas enfrentam a escolha entre eliminar funções humanas e investir em requalificação. Cortar custos é atraente, mas qual é a responsabilidade da empresa sobre o futuro dos colaboradores afetados? O pensamento crítico aqui exige olhar além da folha de pagamento.

5. Delegação de julgamento

Delegar à IA decisões como promoções, preços, concessão de crédito ou designação de tarefas pode parecer racional. Mas isso não elimina o dilema moral: quando algo dá errado, quem é o responsável? O executivo ético se recusa a esconder-se atrás da tecnologia e assume a responsabilidade final pelas escolhas que impactam pessoas reais.

Esses dilemas não têm respostas únicas, mas todos exigem que o líder desenvolva critérios, faça perguntas desconfortáveis e esteja disposto a escolher o certo antes do fácil. A tecnologia não anula a ética, ela a torna ainda mais urgente.

PRINCÍPIOS PARA DECISÕES JUSTAS, TRANSPARENTES E SUSTENTÁVEIS

Diante da complexidade moral do mundo contemporâneo, agravada pelas tecnologias emergentes e pela ampliação do impacto das decisões, líderes precisam mais do que boas intenções. Precisam de princípios claros, aplicáveis e sustentáveis para orientar suas escolhas. O pensamento crítico ético é, nesse sentido, um exercício contínuo de alinhamento entre valores, consequências e coerência prática.

1. Princípio da transparência

Se uma decisão não pode ser explicada com clareza e honestidade aos *stakeholders* envolvidos, há algo errado. A transparência não exige exposição total, mas sim a disposição de tornar inteligíveis os critérios e processos usados. Uma boa prática é sempre se perguntar: "Como eu justificaria essa decisão em público e diante daqueles que serão impactados negativamente por ela?".

2. Princípio da dignidade

Toda decisão deve respeitar a dignidade humana dos afetados, mesmo que envolva restrições, demissões ou mudanças drásticas. Isso implica reconhecer as pessoas como fins em si mesmas, e não apenas como meios para metas organizacionais. O pensamento crítico ético convida a perguntar: "Esta decisão trata as pessoas com respeito, mesmo em condições difíceis?".

3. Princípio da equidade

Decisões justas não significam tratar todos exatamente igual, mas tratar com equidade, considerando contextos, necessidades e vulnerabilidades. Isso exige um olhar atento às assimetrias de poder, ao impacto desproporcional sobre grupos minorizados e à distribuição dos riscos e benefícios. O líder deve se perguntar: "Quem ganha e quem perde com essa escolha?".

Decisões justas não significam tratar todos exatamente igual, mas tratar com equidade, considerando contextos, necessidades e vulnerabilidades.

4. Princípio da sustentabilidade ética

O impacto de uma decisão não pode ser avaliado apenas pelo trimestre. Líderes éticos pensam em ciclos longos: reputação, confiança, legado e efeitos sobre o ecossistema. Devem avaliar se estão criando um padrão replicável, que pode ser sustentado sem gerar danos cumulativos. A pergunta-chave: "Se todos decidissem assim, que tipo de sistema estaríamos construindo?".

5. Princípio da coerência moral

A integridade ética requer coerência entre discurso e ação. Se a empresa diz valorizar inclusão, mas seus algoritmos discriminam; se prega sustentabilidade, mas explora fornecedores frágeis, há um problema estrutural de credibilidade. O pensamento crítico aqui é exigente: "Estamos vivendo os valores que declaramos, mesmo quando custa mais caro ou exige mais tempo?".

Esses princípios funcionam como um sistema de navegação moral. Não garantem decisões perfeitas, mas ajudam a evitar cegueiras perigosas, incoerências tóxicas e danos evitáveis. Quando integrados ao raciocínio crítico, transformam o ato de decidir em um gesto consciente, que honra tanto os objetivos quanto os princípios.

FRAMEWORK: ROTEIRO ÉTICO-CRÍTICO PARA TOMADA DE DECISÃO

Tomar decisões éticas exige mais do que boa vontade, exige método. Este roteiro foi criado para ajudar líderes a incorporar a dimensão ética ao processo decisório de forma prática, estruturada e replicável. Ele pode ser usado individualmente ou em equipe, em decisões operacionais, estratégicas ou de alto impacto humano.

Qual é a decisão em análise?
Descreva com objetividade. Evite jargões e generalizações. Concentre-se no que está realmente sendo decidido.

Quais são as alternativas disponíveis?
Mapeie os caminhos possíveis, inclusive aqueles que não foram considerados inicialmente por serem menos viáveis ou menos comuns.

Quem será afetado e de que forma?
Liste os *stakeholders* internos e externos. Avalie os impactos esperados, positivos e negativos, para cada grupo.

O que essa decisão revela sobre nossos valores?
Confronte a escolha com os valores declarados da organização. A decisão os reafirma ou os contradiz?

Existem riscos éticos ou consequências não intencionais?
Considere efeitos colaterais, injustiças silenciosas, precedentes perigosos ou impactos cumulativos.

Há alternativas mais justas, mesmo que mais difíceis?
Questione a lógica da eficiência a qualquer custo. O que muda se priorizarmos a equidade ou o bem coletivo?

A decisão é transparente e explicável?
Você conseguiria explicá-la com honestidade para todas as partes envolvidas, inclusive as mais vulneráveis?

Estamos preparados para revisar a decisão se surgirem novos dados?
Reforce o compromisso com o aprendizado ético contínuo. Toda decisão é também uma hipótese a ser monitorada.

O processo foi participativo e plural?
Houve espaço para escuta, contraponto e vozes divergentes? Quanto mais concentrada for a decisão, maior o risco ético.

Se essa decisão fosse pública, nos orgulharíamos dela?
O teste da reputação futura é um excelente termômetro moral. Se a resposta for incerta, é hora de revisar.

Este roteiro pode ser adaptado em forma de *checklist* ou formulário para reuniões executivas, análises de risco, comitês de ética ou programas de *compliance*. Mais do que proteger a reputação, ele fortalece a qualidade moral do julgamento organizacional.

EXERCÍCIO

Este exercício foi desenhado para praticar o uso do *Roteiro Ético-Crítico de Tomada de Decisão* em um contexto realista. Ele pode ser conduzido individualmente ou em grupo, sendo útil para comitês de decisão, programas de formação de liderança e *workshops* de ética corporativa.

Situação

Uma empresa de tecnologia desenvolveu um sistema de IA para análise de currículos e pré-seleção de candidatos. Após alguns meses de uso, a equipe de RH percebeu que quase nenhum candidato de minorias raciais havia avançado para a segunda etapa. Um levantamento posterior indicou que o algoritmo havia sido treinado com dados históricos de contratações que refletiam uma forte predominância de perfis homogêneos.

A decisão

Suspender o uso imediato da ferramenta e redesenhar seu treinamento, mesmo com impacto nos prazos de contratação e aumento de custos, ou seguir usando enquanto se realiza o redesenho em paralelo, sob risco de perpetuar a exclusão no curto prazo?

Tarefa

Use o *Roteiro Ético-Crítico* para analisar essa decisão. A seguir, um exemplo de preenchimento orientado com perguntas:

1. Qual é a decisão em análise?
   Continuar ou suspender o uso imediato da IA de recrutamento, à luz do viés identificado.

2. Quais são as alternativas disponíveis?
   — Suspender e redesenhar com urgência.
   — Usar com ajustes paliativos e redesenhar em paralelo.
   — Manter a ferramenta com supervisão humana reforçada.
   — Abandonar o projeto de IA e retornar à triagem manual.

3. Quem será afetado e de que forma?
   — Candidatos, especialmente de grupos minorizados.
   — Equipe de RH, que enfrenta prazos e metas.
   — Imagem da empresa perante o mercado e os talentos.
   — Fornecedor da tecnologia.

4. O que essa decisão revela sobre nossos valores?
   Como lidamos com equidade, inovação, urgência e reputação?

5. Existem riscos éticos ou consequências não intencionais?
   — Perpetuação de viés estrutural.
   — Prejuízo à diversidade.
   — Fragilização da confiança em processos seletivos.

6. Há alternativas mais justas, mesmo que mais difíceis?
   Suspender temporariamente pode ser mais justo, apesar do impacto operacional.

7. A decisão é transparente e explicável?
   Como comunicaríamos isso aos candidatos? À imprensa? À equipe?

8. Estamos preparados para revisar a decisão se surgirem novos dados?
   Qual é o plano de revisão? Há cronograma? Indicadores?

9. O processo foi participativo e plural?
   Grupos afetados foram ouvidos? A decisão é centralizada?

10. Se essa decisão fosse pública, nos orgulharíamos dela?
    Essa é a pergunta final e talvez a mais importante.

Conclusão da atividade

Após responder às dez perguntas, sintetize sua análise em um parágrafo, propondo a alternativa mais ética, seus motivos e como a decisão será comunicada e acompanhada.

SÍNTESE DO CAPÍTULO

Neste capítulo, exploramos o elo essencial entre pensamento crítico e responsabilidade moral na liderança. Discutimos como o poder de decidir implica o dever de considerar não apenas resultados, mas também princípios, consequências e pessoas. Em tempos de automação, decisões cada vez mais técnicas e algoritmos cada vez mais opacos, cresce a necessidade de líderes que questionem o que parece eficiente e escolham o que é justo.

Apresentamos dilemas éticos típicos enfrentados por executivos na era da IA, como o uso de dados pessoais, os riscos da opacidade algorítmica, a exclusão automatizada e a delegação inconsciente de julgamento. Mostramos que o pensamento crítico ético exige coragem para assumir responsabilidades, disposição para rever decisões e compromisso com valores, mesmo sob pressão por resultados.

Com base nisso, introduzimos um roteiro prático de tomada de decisão ética, estruturado em dez perguntas essenciais. Ele foi aplicado em um exercício com dilema real, demonstrando como a reflexão estruturada pode transformar a qualidade moral das escolhas organizacionais.

Ao encerrar este capítulo, deixamos claro: a superdecisão não é apenas mais racional, ela é mais humana. E ser humano, no mais alto nível, é decidir com consciência, clareza e coragem.

12

Pensamento sistêmico e crítico: uma sinergia necessária?

INTRODUÇÃO

Vivemos num mundo onde tudo está conectado: decisões de negócios afetam cadeias globais, decisões de marketing reverberam em pautas sociais, decisões operacionais repercutem em ecossistemas ambientais. Nesse contexto, o pensamento crítico, voltado à clareza, à argumentação lógica e à avaliação de evidências, precisa ser complementado pelo pensamento sistêmico, que enxerga interdependências, retroalimentações e consequências de segunda ordem. Um sem o outro pode gerar cegueira analítica ou paralisia estratégica.

O executivo que pensa apenas de forma crítica corre o risco de fragmentar o real, analisando partes isoladas sem perceber como elas se influenciam. Já o executivo que pensa apenas de forma sistêmica pode enxergar o todo, mas sem ferramentas para avaliar a solidez dos argumentos ou a qualidade das decisões que surgem dessas conexões. Por isso, a liderança de alto impacto precisa dominar essa sinergia entre lucidez crítica e visão sistêmica, uma união que ilumina tanto o detalhe quanto o padrão, tanto o erro lógico quanto o colapso estrutural.

Este capítulo mostra como essas duas formas de pensar se reforçam mutuamente. Vamos explorar os fundamentos do pensamento sistêmico, identificar suas armadilhas e integrá-lo com o pensamento crítico para decisões mais robustas, estratégicas e duráveis. Em seguida, apresentaremos um *framework* que conecta essas abordagens no cotidiano da liderança e um exercício prático para desenvolver essa competência dupla no mapeamento de desafios organizacionais.

POR QUE A VISÃO SISTÊMICA É ESSENCIAL PARA O PENSAMENTO CRÍTICO

Pensamento sistêmico é a capacidade de enxergar a totalidade por trás das partes, reconhecendo que eventos, decisões e problemas estão inseridos em redes de relações interdependentes. Ele rejeita explicações lineares e simplistas, focando em padrões, estruturas e interações que produzem os resultados observados. Em vez de perguntar "o que está errado?", o pensamento sistêmico pergunta "como esse problema está sendo gerado continuamente pelo sistema?", promovendo intervenções mais profundas, duráveis e transformadoras.

O pensamento crítico é, em essência, uma disciplina de análise: ele separa, disseca, questiona, avalia premissas, testa argumentos. Mas no mundo real, decisões nunca acontecem em laboratório isolado. Toda escolha afeta, e é afetada por, múltiplas partes de um sistema. É aí que entra o pensamento sistêmico: ele permite ao líder crítico compreender o contexto mais amplo, mapear conexões ocultas e antecipar efeitos indiretos.

Sem uma visão sistêmica, o pensamento crítico pode levar a decisões impecáveis no papel, mas ineficazes na prática. Um argumento lógico pode ser perfeitamente construído, mas falhar porque ignora dinâmicas interdepartamentais, mudanças culturais ou restrições externas. Por exemplo, reduzir o tempo de atendimento ao cliente pode parecer racional e desejável, até que se perceba que a pressão por velocidade está degradando a empatia dos atendentes e aumentando a taxa de *churn* no longo prazo. O pensamento sistêmico revela essas consequências de segunda e terceira ordem.

Além disso, o pensamento sistêmico impede que o pensamento crítico se transforme em racionalização tecnocrática, uma justificativa fria e lógica para decisões míopes ou insensíveis. Ao lembrar que organizações são sistemas vivos, compostos por pessoas, processos e ambientes interligados, o pensamento sistêmico devolve complexidade ao raciocínio crítico e fortalece o compromisso com decisões sustentáveis, e não apenas eficientes.

A integração entre pensamento crítico e sistêmico também protege contra simplificações perigosas. Em contextos ambíguos, a mente humana tende a buscar culpados únicos e soluções mágicas. O líder supercrítico-sistêmico resiste a essa tentação. Ele pergunta: "Que outros fatores estão em jogo?", "Essa solução resolve o sintoma ou a causa?", "Que consequências não intencionais isso pode gerar em outras partes do sistema?".

Por fim, essa fusão de abordagens eleva a capacidade de diagnosticar com profundidade e agir com responsabilidade. Ela permite decisões que não apenas respondem ao momento, mas transformam o sistema no qual o problema está inserido. Não se trata apenas de resolver um problema, mas de entender o que o produz e como evitar que ele se reproduza.

A ausência de pensamento sistêmico também pode levar ao que Peter Senge chamou de "soluções que geram novos problemas". Por exemplo, ao cortar custos em manutenção para aumentar a margem no curto prazo, um gestor pode acidentalmente aumentar a probabilidade de falhas operacionais, que mais adiante gerarão perdas ainda maiores. Sem uma visão que conecte ações imediatas a consequências futuras, o pensamento crítico corre o risco de se tornar um exercício de curto-prazismo brilhante, mas desastroso.

Outro ganho da integração entre as duas abordagens é a capacidade de lidar com paradoxos. Enquanto o pensamento crítico busca clareza e consistência, o pensamento sistêmico ensina que, muitas vezes, realidades organizacionais são ambíguas, contraditórias e tensionadas por múltiplas forças legítimas. Um líder crítico-sistêmico entende que eficiência e inclusão, inovação e estabilidade, centralização e autonomia não são escolhas excludentes, mas tensões a serem geridas. Essa maturidade intelectual é rara e cada vez mais valiosa.

Um líder crítico-sistêmico entende que eficiência e inclusão, inovação e estabilidade, centralização e autonomia não são escolhas excludentes, mas tensões a serem geridas.

Por fim, há um ganho de linguagem e influência. Líderes que pensam de forma crítica e sistêmica comunicam melhor suas decisões: explicam causas estruturais, assumem limites de previsibilidade, mostram os *trade-offs* envolvidos e convidam suas equipes a pensar além do imediato. Ao fazer isso, constroem legitimidade, ampliam o engajamento e elevam o nível de consciência coletiva dentro da organização.

PRINCÍPIOS DO PENSAMENTO SISTÊMICO PARA LÍDERES CRÍTICOS

Executivos que integram pensamento crítico e pensamento sistêmico desenvolvem um novo tipo de consciência estratégica: percebem que não basta analisar problemas com lógica, é preciso entender como eles surgem, se perpetuam e interagem dentro de estruturas maiores. Esses líderes operam a partir de princípios sistêmicos, que funcionam como lentes para enxergar com mais profundidade. A seguir, destacamos os cinco mais relevantes para a liderança crítica na era da IA.

1. Todo problema é parte de um sistema maior

Problemas raramente são isolados. Eles fazem parte de dinâmicas mais amplas, com múltiplos atores, incentivos e processos em jogo. O líder crítico-sistêmico se pergunta: "Que outras partes da organização contribuem, direta ou indiretamente, para esse desafio?"

2. Causa e efeito nem sempre são próximos no tempo ou no espaço

Muitas decisões produzem efeitos retardados ou deslocados. Um corte de custo hoje pode gerar perda de talento daqui a seis meses. Uma ação local pode ter efeitos reputacionais globais. Pensamento sistêmico é, nesse sentido, pensamento de longo alcance.

3. Soluções rápidas podem piorar o problema

O desejo de resolver algo imediatamente pode levar a paliativos que aliviam sintomas, mas aprofundam as causas. Por isso, o líder sistêmico aplica uma pausa estratégica: investiga antes de agir, mapeia efeitos colaterais e evita decisões que soem bem, mas façam mal.

4. Comportamentos são moldados por estruturas

Antes de culpar pessoas por erros ou ineficiências, o pensamento sistêmico analisa os sistemas em que essas pessoas estão inseridas. Regras, incentivos, metas, fluxos de informação e cultura organizacional moldam ações e devem ser o foco de transformação.

5. A mudança durável requer alavancas invisíveis

Soluções sistêmicas não buscam força, mas alavancagem. Muitas vezes, pequenos ajustes em regras, métricas ou fluxos podem gerar mudanças profundas. Identificar essas "alavancas ocultas" exige reflexão crítica, sensibilidade organizacional e disposição para mexer em estruturas arraigadas.

Esses princípios podem ser incorporados à prática diária por meio de perguntas sistemáticas, simulações de cenários e análise de padrões em vez de eventos isolados. No próximo tópico, apresentaremos um *framework* visual que ajuda líderes a aplicar esses princípios em diagnósticos estratégicos.

FRAMEWORK: CONEXÃO CRÍTICA-SISTÊMICA PARA DIAGNÓSTICO ESTRATÉGICO

Este *framework* foi desenvolvido para ajudar líderes a integrar o raciocínio crítico e o pensamento sistêmico no diagnóstico de problemas estratégicos. Ele estrutura o processo em quatro quadrantes (Figura 1), que combinam dois eixos:

- **Eixo horizontal:** profundidade crítica, da constatação superficial à análise lógica estruturada.
- **Eixo vertical:** amplitude sistêmica, da observação pontual ao mapeamento de interdependências.

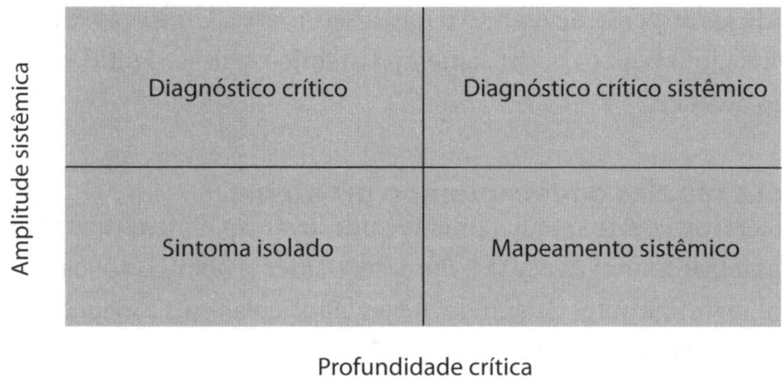

Figura 1 Conexão crítica-sistêmica para diagnóstico estratégico.
Fonte: do autor.

1. Sintoma isolado (baixo crítico / baixo sistêmico)

O problema é percebido como algo pontual: "as vendas caíram", "o projeto atrasou". Aqui, há uma tendência a buscar soluções rápidas sem questionar causas ou contexto. É o ponto de partida, mas não o de chegada.

- Risco: intervenções superficiais, foco em culpados individuais, soluções paliativas.

2. Diagnóstico crítico (alto crítico / baixo sistêmico)

O líder começa a questionar: "O que causou isso?", "Qual premissa está implícita?", "Que dados temos?". Essa etapa aprofunda a análise lógica, mas ainda trata o problema como isolado.

- Valor: raciocínio estruturado, identificação de premissas frágeis, melhoria na clareza da formulação do problema.

3. Mapeamento sistêmico (baixo crítico / alto sistêmico)
A atenção volta-se ao contexto: "Que estruturas contribuem para esse resultado?", "Que padrões estão se repetindo?", "Quais interações geram esse efeito?". Aqui, o problema deixa de ser um evento e passa a ser parte de um sistema.

- Valor: identificação de relações causais indiretas, descoberta de alavancas de mudança, compreensão do ecossistema.

4. Diagnóstico crítico-sistêmico (alto crítico / alto sistêmico)
Neste quadrante, o líder combina análise lógica e visão de sistema: testa hipóteses com dados, considera diferentes cenários, reconhece limites da sua compreensão e estrutura ações que enfrentam causas reais com consciência de impacto.

- Valor: soluções integradas, decisões de longo prazo, mudança organizacional sustentável.

O uso deste *framework* estimula o gestor a não se satisfazer com a primeira explicação, nem com a solução mais visível. Ele convida à curiosidade disciplinada, o hábito de questionar com método e de enxergar com amplitude.

EXERCÍCIO

Escolha um problema real enfrentado por sua equipe ou organização. Pode ser um desafio operacional, um conflito recorrente, uma meta não atingida ou um risco emergente.

Etapa 1 – Formulação inicial (Sintoma Isolado)

Descreva o problema em uma frase simples e direta, como ele aparece na superfície.

- Exemplo: "A equipe de atendimento está sobrecarregada e os prazos estão sendo descumpridos."

Etapa 2 – Perguntas críticas (Diagnóstico Crítico)
Responda às perguntas a seguir:

- Qual é a evidência de que o problema existe?
- O que exatamente está acontecendo? Quais dados sustentam essa percepção?
- Que pressupostos estou fazendo sobre o problema?
- Há outras formas de interpretar a situação?

Etapa 3 – Ampliação do olhar (Mapeamento Sistêmico)
Investigue o contexto e os fatores estruturais:

- Que outras áreas ou processos influenciam esse problema?
- Há padrões recorrentes no tempo?
- Existem incentivos, regras ou métricas que alimentam o problema?
- Quem são os atores envolvidos e como interagem?

Etapa 4 – Síntese crítico-sistêmica (Diagnóstico Crítico-Sistêmico)
Combine os achados das etapas anteriores para construir um diagnóstico mais profundo e completo:

- Qual é a causa sistêmica mais provável?
- Qual hipótese precisa ser testada?
- O que pode ser feito no curto prazo sem reforçar o problema no longo prazo?
- Onde está a alavanca de mudança mais eficaz?

Etapa 5 – Reflexão final
Responda por escrito:

- O que mudou na sua percepção do problema após usar as duas lentes?
- Que tipo de solução você teria proposto inicialmente?
- Que tipo de solução você considera agora, e por quê?

Esse exercício pode ser realizado individualmente, mas é ainda mais potente em grupo, como dinâmica de comitê de liderança ou *workshop* de diagnóstico estratégico. Ele treina simultaneamente a humildade cognitiva e a capacidade de lidar com a complexidade, dois pilares da superdecisão.

SÍNTESE DO CAPÍTULO

Neste capítulo, exploramos a importância de integrar duas competências intelectuais fundamentais para a liderança na era da complexidade: o pensamento crítico e o pensamento sistêmico. Argumentamos que, isoladamente, cada uma dessas abordagens é incompleta, mas, combinadas, tornam-se uma poderosa lente para compreender, diagnosticar e intervir de forma mais eficaz nos desafios organizacionais.

Vimos que o pensamento crítico oferece clareza, lógica e rigor argumentativo, enquanto o pensamento sistêmico amplia a visão, revela interdependências e antecipa efeitos colaterais. Juntas, essas formas de pensar ajudam o líder a evitar tanto os atalhos da simplificação quanto a paralisia diante da complexidade.

Apresentamos os princípios do pensamento sistêmico aplicados à liderança crítica e um *framework* prático, a matriz de conexão crítico-sistêmica, que ajuda a mapear problemas de forma mais profunda e abrangente. Por fim, propusemos um exercício que convida o leitor a praticar essa dupla lente de diagnóstico em situações reais.

O executivo que domina essa sinergia não apenas toma melhores decisões: ele transforma sua organização em um sistema mais lúcido, mais resiliente e mais capaz de aprender com seus próprios padrões.

O executivo que domina essa sinergia não apenas toma melhores decisões: ele transforma sua organização em um sistema mais lúcido, mais resiliente e mais capaz de aprender com seus próprios padrões.

13

Superdecisões em ambientes multiculturais e globais

INTRODUÇÃO

Em um mundo cada vez mais interconectado, liderar e decidir em ambientes multiculturais não é uma exceção, é a nova regra. Executivos enfrentam contextos em que suas decisões afetam e são influenciadas por colaboradores, parceiros e mercados de diferentes nacionalidades, crenças, valores e formas de pensar. Nesse cenário, o pensamento crítico precisa evoluir: ele deixa de ser uma ferramenta de análise local e passa a ser um instrumento de navegação global.

O desafio está em reconhecer que o que parece lógico, razoável ou até ético em um contexto cultural pode ser percebido de forma muito diferente em outro. O risco do julgamento etnocêntrico, aplicar critérios da própria cultura como se fossem universais, mina a eficácia e a legitimidade das decisões. Ao mesmo tempo, ceder a um relativismo absoluto pode paralisar a ação. Como, então, manter o rigor crítico diante da diversidade de racionalidades culturais?

Este capítulo explora como o pensamento crítico pode se tornar uma ponte, e não uma barreira, na liderança global. Vamos investigar como premissas culturais ocultas influenciam decisões, como conflitos de valor se manifestam em projetos internacionais e quais ferramentas ajudam a tomar decisões consistentes mesmo diante de múltiplas perspectivas. Superdecisões globais não são aquelas que impõem uma visão única, mas as que conseguem dialogar com a diversidade sem perder coerência, justiça e clareza de propósito.

O DESAFIO DA DIVERSIDADE DE RACIONALIDADES

Em ambientes multiculturais, o que parece "óbvio" para um líder pode ser, na verdade, profundamente estranho ou até ofensivo para outro. Isso ocorre porque diferentes culturas adotam distintas formas de pensar, argumentar e decidir. O conceito de racionalidade, frequentemente associado à lógica formal, à análise empírica e ao individualismo, é ele mesmo moldado culturalmente. Existem racionalidades baseadas na harmonia social, na tradição, na autoridade espiritual ou na intuição coletiva.

Por exemplo, enquanto líderes de países ocidentais valorizam frequentemente decisões diretas, baseadas em dados explícitos e evidências quantitativas, culturas do Leste Asiático podem priorizar o consenso tácito, a preservação da harmonia e a leitura de sinais contextuais sutis. Em culturas escandinavas, o argumento mais forte é aquele que respeita a igualdade de voz; já em contextos latino-americanos, a construção relacional e a adaptabilidade ao improviso muitas vezes moldam o processo decisório.

Essas diferenças não são apenas superficiais, elas afetam profundamente a maneira como os problemas são definidos, como a credibilidade das fontes é avaliada, quais riscos são toleráveis e quais critérios são vistos como justos. Quando um executivo global toma uma decisão que ignora essas racionalidades distintas, ele corre o risco de impor padrões que geram resistência, mal-entendidos ou desengajamento.

A tensão surge quando se tenta aplicar um único modelo de pensamento crítico como se fosse universal, sem reconhecer sua base cultural. Por isso, a liderança crítica em contextos globais começa com humildade epistêmica: o reconhecimento de que o próprio modo de raciocinar não é o único possível. Essa consciência é o primeiro passo para decisões verdadeiramente eficazes, aquelas que são pensadas com rigor, mas também com sensibilidade cultural.

> **A liderança crítica em contextos globais começa com humildade epistêmica: o reconhecimento de que o próprio modo de raciocinar não é o único possível.**

PENSAMENTO CRÍTICO COMO PONTE INTERCULTURAL

Um dos maiores perigos em ambientes multiculturais é o julgamento etnocêntrico: a tendência de interpretar e avaliar comportamentos, decisões e argumentos dos outros com base nos próprios padrões culturais, assumindo-os como superiores ou mais racionais. Esse vício cognitivo pode levar a erros graves de interpretação, desgaste relacional e decisões que, embora tecnicamente coerentes, fracassam na implementação por ignorarem a legitimidade de outras visões de mundo.

O pensamento crítico, quando bem aplicado, não reforça esse julgamento. Pelo contrário, ele pode se tornar uma poderosa ponte intercultural. Isso acontece quando o líder utiliza ferramentas críticas não apenas para analisar argumentos, mas também para questionar as próprias premissas culturais, perguntando, por exemplo: "De onde vem minha definição de eficiência?", "O que considero transparência seria visto da mesma forma neste país?", "Minha preferência por dados quantitativos reflete uma verdade universal ou uma tradição ocidental?".

Em vez de impor racionalidades, o líder supercrítico busca entendê-las. Ele adota uma postura dialógica, comparando modelos de pensamento, analisando as raízes culturais das decisões e buscando construir um espaço comum de entendimento. Isso não significa relativizar tudo, mas reconhecer que os critérios de uma decisão de qualidade variam conforme os contextos sociais, históricos e institucionais.

Na prática, isso pode significar adaptar o formato de apresentação de dados para diferentes audiências, envolver *stakeholders* locais na formulação de alternativas ou ajustar o ritmo da tomada de decisão para respeitar rituais culturais que favorecem a confiança.

O pensamento crítico intercultural exige não apenas lógica, mas empatia interpretativa: a capacidade de compreender profundamente como o outro pensa antes de julgar como pensa. Essa abordagem transforma o pensamento crítico de uma ferramenta de combate em um instrumento de construção. Em vez de apontar o erro no outro, o executivo aprende a mapear diferenças, negociar significados e co-construir decisões mais robustas e legítimas.

A verdadeira sofisticação do pensamento crítico em contextos multiculturais está na capacidade de operar simultaneamente em dois níveis: o da lógica argumentativa e o da sensibilidade cultural. Um bom argumento pode fracassar se for expresso em termos que desrespeitam normas comunicacionais locais. Um estilo direto e confrontativo pode ser valorizado em reuniões de negócios norte-americanas, mas causar desconforto ou fechamento defensivo em culturas que prezam a deferência e a harmonia, como a japonesa ou a coreana.

Por isso, a liderança crítica em ambientes globais exige mais do que clareza lógica, exige inteligência cultural aplicada à análise crítica. Significa avaliar não apenas se o argumento é sólido, mas se ele está sendo transmitido de forma que possa ser compreendido e aceito dentro do sistema simbólico e relacional do outro. Muitas vezes, o líder eficaz é aquele que sabe adaptar sua argumentação sem abrir mão do conteúdo, moldando a forma para respeitar o contexto cultural.

Essa adaptabilidade não é superficial, é estratégica. Em negociações internacionais, fusões transnacionais, projetos intercontinentais ou comitês multiculturais, o líder que consegue equilibrar pensamento crítico com sensibilidade cultural não apenas evita ruídos: ele constrói alianças mais estáveis e duradouras. Sua legitimidade não vem de impor uma racionalidade dominante, mas de criar espaços de entendimento compartilhado, onde múltiplas racionalidades podem dialogar com clareza, sem confusão nem concessões incoerentes.

FERRAMENTAS PARA DECISÕES GLOBAIS COM MÚLTIPLOS *STAKEHOLDERS*

Tomar decisões em ambientes multiculturais exige mais do que sensibilidade cultural: exige ferramentas práticas para lidar com a complexidade de múltiplos interesses, valores e estilos de raciocínio. As decisões não envolvem apenas dados e análises, mas também a coordenação de percepções divergentes e a construção de legitimidade junto a diferentes públicos. Nesse contexto, o pensamento crítico precisa ser traduzido em métodos que ajudem a integrar pontos de vista sem diluir a clareza.

Tomar decisões em ambientes multiculturais exige mais do que sensibilidade cultural: exige ferramentas práticas para lidar com a complexidade de múltiplos interesses, valores e estilos de raciocínio.

Uma das ferramentas mais úteis é a análise de *stakeholders* com filtro cultural. Não basta mapear poder e interesse; é preciso entender como cada grupo interpreta riscos, autoridade, evidência e sucesso. Em um consórcio global, por exemplo, o mesmo relatório pode ser visto como insuficiente por uma parte e excessivamente detalhado por outra. Inserir o "perfil cultural decisório" no mapeamento dos *stakeholders* permite antecipar atritos e construir pontes mais eficazes.

Outra técnica poderosa é a formulação de critérios de decisão em comum, antes de discutir alternativas. Em vez de iniciar com propostas, líderes eficazes começam perguntando: "Quais critérios tornam uma decisão aceitável para todos?". Essa abordagem desloca o foco da posição para os princípios compartilháveis, o que facilita a convergência em contextos de alta diversidade. Esses critérios podem incluir, por exemplo, impacto social, retorno financeiro, equilíbrio de poder, harmonia institucional ou equidade entre regiões.

Também é recomendável usar ferramentas de visualização comparativa de cenários. Elas ajudam a explicitar como diferentes premissas culturais impactam a percepção de riscos e benefícios. Por exemplo, em uma expansão internacional, os *stakeholders* locais podem ver a velocidade de *rollout* como um risco cultural, enquanto a matriz a enxerga como eficiência. Mapas visuais de impacto percebido por grupo ajudam a evitar que a mesma decisão seja recebida como progresso por uns e ameaça por outros.

Por fim, a criação de rituais deliberativos multiculturais (fóruns, diálogos facilitados, consultas cruzadas) pode servir como espaço seguro para o exercício do pensamento crítico em rede. Quando bem conduzidos, esses momentos não diluem o rigor; ao contrário, ampliam a robustez das decisões ao confrontar pressupostos ocultos, considerar múltiplas lentes e criar compromissos sólidos com a ação.

FRAMEWORK: MAPA DE PREMISSAS CULTURAIS OCULTAS

Um dos maiores riscos na tomada de decisão global é operar a partir de premissas invisíveis, ideias profundamente enraizadas culturalmente, mas não reconhecidas como tais. O executivo presume que está sendo objetivo, quando na verdade está agindo com base em valores, lógicas e hábitos herdados de seu contexto local.

Para evitar esse risco, propomos o Mapa de Premissas Culturais Ocultas, um *framework* de autodiagnóstico e análise que ajuda a tornar visível o invisível.

O mapa consiste em identificar e explicitar quatro dimensões de premissas que variam culturalmente e influenciam decisões estratégicas:

Tempo e urgência

- Como a cultura lida com prazos, velocidade e espera?
  - **Exemplo de tensão:** culturas orientadas para o curto prazo (EUA) *versus* culturas que valorizam processos longos e relações duradouras (China, Japão).
  - **Pergunta crítica:** "Estamos pressionando por uma decisão rápida baseada em nossa urgência ou na real urgência do contexto?"

Autoridade e hierarquia

- Como decisões são tomadas: de forma distribuída ou centralizada?
  - **Exemplo:** em culturas com forte respeito à autoridade (Índia, México), esperar consenso pode ser visto como fraqueza. Já em culturas igualitárias (Suécia, Holanda), decisões verticais geram resistência.
  - **Pergunta crítica:** "A forma como tomamos decisões está sendo percebida como legítima ou imposta?"

Lógica e persuasão

- O que conta como argumento válido?
  - **Exemplo:** culturas anglo-saxônicas valorizam lógica dedutiva e dados objetivos; culturas latinas podem enfatizar narrativas, relações e intuição.
  - **Pergunta crítica:** "Nossos argumentos estão sendo construídos de modo compreensível e legítimo para todos os envolvidos?"

Gestão de conflito

- O desacordo é bem-vindo ou evitado?
  - **Exemplo:** culturas como a americana ou israelense encaram o confronto direto como sinal de maturidade; já culturas asiáticas tendem a evitar o conflito aberto para preservar a harmonia.
  - **Pergunta crítica:** "Estamos confundindo ausência de objeção com concordância real?"

Este *framework* pode ser usado em reuniões de planejamento estratégico, decisões de expansão internacional, fusões e aquisições, ou qualquer situação em que múltiplas culturas estejam em jogo. Ele funciona como um radar de premissas silenciosas, aquelas que, se não forem nomeadas, podem sabotar mesmo a decisão mais tecnicamente correta.

EXERCÍCIO

Cenário

Uma empresa de tecnologia com sede nos Estados Unidos decide expandir sua operação para o Sudeste Asiático. O plano inclui implementar uma nova estrutura de governança que exige autonomia local para decisões rápidas de produto, em consonância com a cultura ágil da empresa. No entanto, os líderes locais, baseados na Tailândia, Indonésia e Vietnã, mostram resistência ao novo modelo, pedindo mais validação junto à matriz e evitando tomar decisões sem "aprovação formal".

Desafio

Apesar de treinamentos intensivos sobre *empowerment* e *ownership*, os resultados locais estão abaixo do esperado. A matriz interpreta o comportamento como falta de iniciativa ou medo de errar, enquanto os líderes regionais relatam "pressão excessiva" e "falta de apoio".

Tarefa

Use o Mapa de Premissas Culturais Ocultas para analisar o que está acontecendo. Responda às perguntas a seguir:

- Tempo e **urgência:** a expectativa de decisões rápidas é compatível com o estilo local de maturação e validação de propostas?
- Autoridade e **hierarquia:** a proposta de descentralização foi percebida como sinal de confiança ou como abdicação de suporte e legitimidade?
- Lógica e **persuasão:** a narrativa de *empowerment* foi bem recebida ou soou como ruptura com estruturas que garantem segurança e respeito?
- Gestão de **conflito:** o silêncio e a aparente aceitação inicial foram interpretados como concordância? Houve espaço seguro para expressar discordâncias?

REFLEXÃO FINAL

Como o pensamento crítico poderia ter ajudado essa empresa a construir uma abordagem mais culturalmente consciente, sem abrir mão da agilidade desejada?

Esse tipo de exercício permite ao líder aplicar conceitos em uma situação realista, treinar empatia intercultural e fortalecer sua capacidade de antecipar conflitos antes que eles comprometam a execução.

SÍNTESE DO CAPÍTULO

Tomar decisões em ambientes multiculturais exige mais do que lógica e dados: exige consciência crítica sobre as premissas invisíveis que moldam o que chamamos de "boa decisão". Neste capítulo, vimos como o pensamento crítico pode deixar de ser uma ferramenta de julgamento etnocêntrico e se transformar em uma ponte entre racionalidades diversas, ampliando a legitimidade e a eficácia das escolhas executivas em contextos globais.

Exploramos os desafios da diversidade de lógicas culturais e mostramos como o pensamento crítico, quando aliado à empatia interpretativa, favorece o entendimento mútuo e a construção de soluções sustentáveis. Vimos ferramentas práticas para lidar com múltiplos *stakeholders* e um *framework* que ajuda a mapear premissas culturais ocultas que, se não forem reconhecidas, sabotam até as decisões mais bem-intencionadas.

Mais do que adaptar discursos, o líder supercrítico atua como tradutor de racionalidades: alguém que compreende as raízes culturais das divergências e transforma esse reconhecimento em vantagem estratégica. Em tempos de globalização e interdependência, essa habilidade é tão essencial quanto a fluência técnica, é ela que garante não apenas decisões melhores, mas alianças mais duradouras.

14

Superdecisão e inovação: como decidir sem garantias

INTRODUÇÃO

Inovar é, por definição, decidir sem garantias. Em contextos de criação, disrupção ou transformação, não existem dados históricos suficientes, nem validações completas que assegurem o caminho certo. A lógica da inovação exige decisões ousadas, rápidas e com base em hipóteses, mas isso não significa agir com imprudência. O pensamento crítico, muitas vezes associado à cautela e à análise, também pode ser o maior aliado da ação empreendedora. Ele protege contra ilusões de certeza, fortalece a qualidade das apostas e amplia a taxa de aprendizado a partir dos erros.

Na prática, muitos processos de inovação falham não pela ausência de criatividade, mas pela ausência de crítica. Equipes apaixonadas pela ideia inicial resistem a testá-la com rigor. Líderes visionários desconsideram os alertas porque "confiam na intuição". Projetos são lançados sem testes suficientes, com métricas mal definidas ou sem revisões honestas de premissas. Nessas situações, o pensamento crítico entra como um antídoto à autossabotagem criativa: ele sustenta a ousadia, não a sufoca.

Este capítulo propõe uma abordagem da superdecisão aplicada à inovação. Como pensar criticamente diante do novo? Como tomar boas decisões mesmo quando não há garantias? Como equilibrar agilidade com responsabilidade? As ferramentas apresentadas aqui ajudarão o líder a manter a curiosidade e a abertura típicas da inovação, mas com o rigor necessário para transformar ideias em soluções viáveis, relevantes e sustentáveis.

POR QUE CRIATIVIDADE SEM CRÍTICA GERA INOVAÇÕES FRÁGEIS

No imaginário popular, criatividade e pensamento crítico são vistos como opostos. Criar seria libertar-se das regras; criticar, contê-las. Mas, no mundo da inovação real, em que ideias precisam sobreviver ao contato com clientes, orçamentos, tecnologias e concorrência, essa separação é fatal. A criatividade sem crítica é fértil, mas rasa: produz ideias entusiasmantes, porém frágeis. Já a crítica sem criatividade é inteligente, porém estéril. O que a liderança inovadora precisa cultivar é a junção dos dois: liberdade de imaginar com disciplina de testar.

Muitas inovações fracassam não por falta de genialidade, mas porque foram protegidas de perguntas incômodas. *Startups* lançam produtos que ninguém quer, corporações investem milhões em soluções descoladas da realidade, times gastam meses em funcionalidades não testadas. Tudo isso nasce de um erro: confundir entusiasmo com validação. O pensamento crítico entra aqui como uma força de aterramento. Ele não reduz a ambição da ideia, ele reforça suas fundações: questiona os pressupostos, exige evidências e desafia o “isso sempre funcionou”.

Inovar sem crítica é como construir uma ponte só com inspiração: pode até ser bela, mas dificilmente será segura. Em contrapartida, a crítica bem aplicada fortalece a criação, ajuda a definir o que testar primeiro, onde alocar recursos e como adaptar a solução ao contexto real. O líder supercrítico não mata ideias, ele as faz passar por provas e, ao fazer isso, garante que o que chegar ao mercado tenha mais chances de gerar valor real, não apenas excitação passageira.

Inovar sem crítica é como construir uma ponte só com inspiração: pode até ser bela, mas dificilmente será segura.

Esse equilíbrio entre criação e crítica é ainda mais crucial em ambientes corporativos que valorizam agilidade. O ritmo acelerado das *sprints*, a pressão por entregas rápidas e o culto ao *fail fast* podem criar uma cultura de ação sem reflexão. Nessa pressa, decisões são tomadas com base em intuições mal examinadas, dados incompletos ou euforia coletiva. O resultado? Prototipagens que não viram produto, campanhas que não engajam e promessas de inovação que desgastam a confiança interna e externa.

O pensamento crítico oferece um freio consciente, não para travar o movimento, mas para garantir direção. Ao inserir pausas estratégicas no ciclo criativo, líderes podem fazer perguntas-chave: "O que realmente sabemos?", "O que estamos assumindo?", "O que não está sendo dito?". Essa disciplina de questionamento não sufoca a criatividade, ela a depura. E, ao fazer isso, transforma o entusiasmo em execução robusta, tornando a inovação não apenas possível, mas confiável.

EQUILIBRAR RIGOR ANALÍTICO COM ABERTURA À INCERTEZA

A tensão entre análise e ação é uma das mais desafiadoras na jornada da inovação. De um lado, a necessidade de entender riscos, medir variáveis e projetar consequências. De outro, a urgência de avançar, experimentar e aprender com o movimento. Executivos que pendem demais para a análise ficam presos na paralisia da perfeição e nunca sentem que sabem o suficiente para agir. Aqueles que ignoram o rigor analítico, por sua vez, tropeçam na impulsividade disfarçada de ousadia.

O segredo não está em escolher um lado, mas em orquestrar os dois. O pensamento crítico não se opõe à ação, ele orienta a ação em cenários ambíguos. Em vez de buscar certeza, o líder supercrítico busca clareza sobre o que é conhecido, o que é assumido e o que precisa ser testado. Ele aplica rigor não para provar que a ideia está certa, mas para descobrir onde ela pode falhar. Esse tipo de mentalidade não trava a inovação, ele acelera o aprendizado.

Na prática, isso se traduz em decisões que avançam por ciclos: pequenas apostas seguidas de análise honesta dos resultados. O rigor aparece no desenho dos experimentos, na escolha das métricas e na disposição de rever hipóteses. A abertura está na disposição para o erro, na escuta dos dados e na capacidade de mudar de direção. Esse equilíbrio é o que diferencia inovação estratégica de ativismo improvisado. E quem lidera esse processo é aquele que pensa criticamente enquanto cria.

Esse equilíbrio também se manifesta na forma como líderes conduzem reuniões de inovação. Em vez de sessões exclusivamente voltadas ao *brainstorming* ou à apresentação de resultados, é essencial reservar tempo para debater os riscos ignorados, os aprendizados inesperados e as hipóteses que ainda não foram testadas. O pensamento crítico, nesse contexto, cria um ambiente em que a dúvida é bem-vinda e em que as ideias passam por desafios construtivos, fortalecendo sua robustez antes de escalar.

Outro ponto-chave é reconhecer que o rigor não exige dados perfeitos, exige consciência das limitações dos dados disponíveis. Em contextos de incerteza, agir com base em dados imperfeitos pode ser inevitável, mas o diferencial está em declarar essas imperfeições, acompanhar seus efeitos e ajustar o curso à medida que a informação se torna mais clara. Essa postura evita tanto a ilusão de certeza quanto a omissão paralisante.

Por fim, a abertura à incerteza exige humildade intelectual: a disposição de revisar decisões à luz de novas evidências, mesmo que isso implique mudar de rota. O líder que equilibra análise com ação não é o que sempre acerta de primeira, mas o que erra com inteligência, porque aprende rápido, corrige com transparência e decide com consciência. Essa é a essência da superdecisão aplicada à inovação: agir mesmo sem garantias, mas nunca no escuro.

TÉCNICAS DE DECISÃO EM AMBIENTES DE PROTOTIPAGEM, MVP E VALIDAÇÃO

Ambientes de inovação exigem um tipo específico de decisão: rápida, iterativa e sensível ao aprendizado. Nesses contextos, decidir não é o ponto final, é o ponto de partida para um experimento que retroalimentará a própria decisão. Isso exige técnicas adaptadas à natureza incerta do processo criativo e ao ciclo de prototipagem contínua.

Ambientes de inovação exigem um tipo específico de decisão: rápida, iterativa e sensível ao aprendizado.

A primeira técnica fundamental é a decisão experimental. Nesse modelo, a escolha não é definitiva, mas formulada como uma hipótese testável. O líder define o que será feito, quais indicadores mostrarão se está funcionando e qual será o critério para ajustar ou abandonar a ideia. Isso permite decisões mais rápidas, pois a exigência de perfeição dá lugar à clareza sobre o aprendizado buscado.

Outra técnica valiosa é o uso de MVPs narrativos, versões simplificadas da ideia apresentadas por meio de *storytelling* ou simulações, antes mesmo do desenvolvimento técnico. Essa abordagem ajuda a testar aceitação, clareza e relevância junto a usuários ou *stakeholders*, antes que se invistam recursos significativos. Decidir com base em reações a protótipos de baixa fidelidade reduz riscos e antecipa *insights* críticos.

Além disso, o uso de critérios de descarte antecipado fortalece a qualidade das apostas. Antes de iniciar um teste, a equipe define os sinais que indicariam que vale a pena seguir adiante e os sinais que justificariam parar. Essa técnica previne o viés de escalada do compromisso, em que ideias fracas continuam sendo financiadas apenas porque já receberam algum investimento.

Uma técnica cada vez mais valorizada é a validação cruzada com múltiplas fontes de evidência. Não basta ouvir usuários entusiasmados, é preciso combinar *feedback* qualitativo com dados de uso, análises de custo e viabilidade operacional. O pensamento crítico entra aqui como curador da decisão: ele exige consistência entre o que se deseja, o que se observa e o que se pode realizar.

Uma prática importante que diferencia decisões críticas de decisões improvisadas em inovação é a documentação sistemática das hipóteses. Ao iniciar um experimento, a equipe deve registrar quais suposições estão sendo testadas, o que se espera observar e como será feita a avaliação do sucesso. Essa prática cria um histórico de aprendizado organizacional e protege contra a reinvenção contínua de erros já cometidos, problema comum em ambientes de alta rotatividade ou múltiplas *squads*.

Outra técnica é a tomada de decisão em "*checkpoints* de aprendizado", em vez de marcos de entrega. Em vez de avaliar um projeto apenas com base em prazos e escopo, líderes devem programar momentos de pausa para perguntar: "O que aprendemos até aqui?". Isso muda a hipótese original? Precisamos *pivotar*, perseverar ou parar? Essa lógica, inspirada no *lean startup* e no *agile*, permite decisões mais alinhadas com a realidade do que com planos feitos sob incerteza.

Importante também é a triangulação entre áreas. Inovações bem-sucedidas raramente vêm de uma única função. Marketing pode ver demanda; produto pode entender viabilidade; operações pode enxergar restrições. A decisão crítica em inovação envolve ouvir essas vozes diversas e decidir não com base em quem tem mais poder ou entusiasmo, mas em qual hipótese faz mais sentido à luz das múltiplas perspectivas.

A análise de custo de reversão é outra ferramenta decisiva. Nem toda decisão exige o mesmo nível de prudência. Algumas escolhas são facilmente reversíveis, como mudar o layout de um formulário ou a cor de um botão. Outras têm efeitos de longo prazo ou impacto reputacional alto. Avaliar o custo e a velocidade de reversão ajuda o líder a calibrar o nível de rigor exigido em cada etapa do processo.

Por fim, é fundamental incorporar a reflexão pós-decisão como parte do ciclo de inovação. Cada *MVP* testado deve gerar não apenas dados operacionais, mas *insights* metacognitivos: como decidimos? O que ignoramos? O que subestimamos? Essa prática fortalece o pensamento crítico da equipe, reduz a repetição de erros e acelera a maturidade decisória da organização como um todo.

FRAMEWORK: CICLO DE ITERAÇÃO CRÍTICA

(hipótese → teste → aprendizado → decisão)

O Ciclo de Iteração Crítica é uma ferramenta desenhada para unir pensamento crítico com ação inovadora. Ele propõe que cada decisão seja tratada como parte de um ciclo contínuo de aprendizado, estruturado em quatro etapas:

Hipótese

Começa com uma suposição clara sobre algo que se acredita ser verdadeiro. Uma boa hipótese é específica, testável e vinculada a uma expectativa de resultado.

- Exemplo: "Se reduzirmos os campos obrigatórios no formulário de cadastro, aumentaremos a taxa de conversão em 15%."

Teste

A hipótese é confrontada com a realidade por meio de um experimento controlado. A qualidade do teste está na clareza dos critérios, no tempo de observação e na diversidade das fontes de *feedback*.

- Exemplo: a nova versão do formulário é testada com 30% da base durante duas semanas, comparando-se os resultados com o restante do tráfego.

Aprendizado

Os dados coletados são analisados criticamente: a hipótese foi confirmada? Quais efeitos colaterais surgiram? Há outros fatores interferindo? O aprendizado não se limita ao sucesso ou fracasso da hipótese; inclui tudo o que foi revelado no processo.

- Exemplo: a taxa de conversão subiu 9%, menos que o esperado. Mas descobriu-se que muitos usuários abandonam o processo ao clicar em "esqueci minha senha", uma nova hipótese se forma.

Decisão

Com base no aprendizado, decide-se o próximo passo: escalar, ajustar, descartar ou *pivotar*. A decisão se alimenta do rigor analítico, da clareza dos dados e da humildade para mudar de rumo.

- Exemplo: a mudança é implementada parcialmente, enquanto a equipe desenvolve um teste específico para a jornada de recuperação de senha.

Esse *framework* transforma o ciclo de inovação em um ciclo de consciência. Ele evita decisões precipitadas baseadas apenas em intuição ou pressão de tempo, ao mesmo tempo que protege a organização contra a paralisia da análise. A cada volta do ciclo, a organização não apenas melhora seus produtos, ela melhora sua capacidade de pensar.

EXERCÍCIO

Este exercício foi desenhado para líderes, gestores de produto, empreendedores ou qualquer profissional envolvido em iniciativas de inovação. O objetivo é aplicar o pensamento crítico a uma ideia real — seja um novo produto, um serviço, uma funcionalidade, uma campanha ou até uma decisão organizacional.

Passo 1 – Escolha a ideia ou proposta atual

Identifique uma iniciativa concreta que esteja em fase de discussão, prototipagem ou pré-lançamento. Pode ser algo que você está liderando ou apenas acompanhando. Anote a descrição resumida da proposta e seu objetivo principal.

Passo 2 – Explicite as hipóteses embutidas

Liste pelo menos três suposições que estão sustentando essa proposta.

Exemplos:

- "O cliente valoriza esse recurso."
- "O mercado está pronto para esse modelo."
- "A tecnologia escolhida será suficiente."

Pergunte-se: essas hipóteses foram testadas? Como sabemos que são verdadeiras?

Passo 3 – Aplique o ciclo de iteração crítica

Para cada hipótese, preencha as etapas do *framework*:

- **Hipótese:** o que você acredita ser verdadeiro?
- **Teste:** como poderia testar essa ideia de forma rápida, segura e barata?
- **Aprendizado:** que tipo de dado ou sinal indicaria que a hipótese é válida ou não?
- **Decisão:** o que fazer com base no resultado esperado ou inesperado?

Passo 4 – Reflita sobre a qualidade da decisão atual

- O que não está sendo considerado?
- Há vieses influenciando a decisão?
- Quem deveria estar envolvido e ainda não foi consultado?

Passo 5 – Documente e compartilhe o processo

Compartilhe sua análise com a equipe ou com um colega de confiança. Pergunte: "O que estou deixando de ver?" Essa troca pode revelar pontos cegos e enriquecer a robustez da decisão.

Este exercício deve ser repetido a cada nova iteração de um projeto. O pensamento crítico não é um filtro final, é o tecido que conecta todas as etapas de uma inovação bem conduzida.

SÍNTESE DO CAPÍTULO

Inovar é decidir no escuro, mas isso não significa agir às cegas. Neste capítulo, exploramos como o pensamento crítico pode se tornar o maior aliado da criatividade responsável. Longe de restringir o espírito inovador, o rigor analítico bem aplicado oferece estrutura, protege contra armadilhas cognitivas e transforma boas ideias em soluções sustentáveis.

Vimos que a inovação sem crítica tende à fragilidade: ideias não testadas, hipóteses ocultas e entusiasmo descontrolado são riscos tão grandes quanto a burocracia excessiva. O segredo está no equilíbrio, manter abertura à incerteza sem abandonar o juízo. Isso exige métodos que favoreçam o aprendizado contínuo, como a prototipagem, os *MVPs*, os critérios de descarte antecipado e as decisões em ciclos de reflexão.

O Ciclo de Iteração Crítica mostrou como líderes podem tratar decisões como hipóteses, aprender com dados reais e ajustar suas escolhas de forma ágil e fundamentada. Esse processo permite errar pequeno, aprender rápido e acertar grande. O exercício proposto desafiou o leitor a aplicar essas ideias a um caso real, fortalecendo sua prática de liderança reflexiva.

Inovar com pensamento crítico é abandonar o mito do "gênio visionário" e abraçar a figura do "decisor consciente". É perceber que a coragem de criar não se opõe ao rigor de pensar, ela depende dele. E que a verdadeira originalidade não vem de ideias soltas, mas de ideias que sobrevivem ao teste da realidade.

No próximo capítulo, daremos um passo ainda mais profundo rumo à superdecisão: como pensar sobre o próprio pensar. Vamos explorar os limites do julgamento, os riscos da arrogância intelectual e as práticas da metacognição para líderes que desejam crescer com consciência. Prepare-se para mergulhar na mente supercrítica.

15

Aprendizado contínuo e pensamento crítico: uma estratégia de longo prazo?

INTRODUÇÃO

O pensamento crítico não é um talento nato nem uma competência pontual. É uma prática e, como toda prática significativa, exige disciplina, revisão contínua e abertura para aprender com o tempo. Em um mundo em que o conhecimento expira rapidamente e as certezas de hoje tornam-se as obsolescências de amanhã, manter o pensamento crítico vivo é um compromisso estratégico, não apenas intelectual.

Líderes que cultivam o pensamento crítico ao longo da vida não são os que acumulam respostas, mas os que se especializam em formular melhores perguntas. Eles integram o aprendizado em sua rotina, tratam erros como fonte de *insight*, acolhem a dúvida como sinal de lucidez e entendem que a mudança de opinião, quando bem fundamentada, é sinal de força, não de fraqueza.

Neste capítulo final, propomos o pensamento crítico como uma filosofia de liderança e como um hábito vitalício. Vamos explorar como desenvolver um ciclo contínuo de revisão de crenças, como criar espaços de aprendizado crítico dentro das organizações e como sustentar uma mente ativa, analítica e humilde mesmo após décadas de experiência. Porque, em última instância, a superdecisão é menos um evento e mais um modo de viver e liderar.

REVISÃO DE CRENÇAS: ATUALIZANDO MAPAS MENTAIS AO LONGO DA VIDA

Toda liderança é, em essência, uma construção baseada em crenças. Crenças sobre o que funciona, sobre como as pessoas se comportam, sobre o que é ético, eficaz, viável. Algumas dessas crenças são explícitas; outras, implícitas, herdadas de experiências passadas ou de modelos que admiramos. O problema não está em tê-las, mas em nunca revê-las.

Líderes que desenvolvem o pensamento crítico ao longo da vida tratam suas crenças como hipóteses em constante teste. Eles compreendem que o mundo muda, os contextos evoluem e o que fazia sentido ontem pode se tornar uma limitação hoje. Atualizar essas crenças, os chamados "mapas mentais", é um exercício de honestidade intelectual e coragem. Coragem para dizer: "eu estava errado"; ou, mais precisamente: "isso era verdade naquele tempo, mas já não é suficiente agora".

Essa revisão não significa inconstância ou falta de convicção. Significa maturidade. Um CEO pode, por exemplo, ter acreditado por décadas que metas anuais agressivas eram a melhor forma de extrair desempenho. Com o tempo, ao observar efeitos colaterais como *burnout*, rotatividade ou perda de inovação, pode revisar essa crença à luz de novas evidências, sem perder autoridade, mas ganhando em profundidade e legitimidade.

Revisar crenças exige ambiente, método e disposição. Ambientes que acolhem o questionamento e não punem a dúvida. Métodos que convidam à reflexão, como ciclos de *feedback* estruturado, revisões pós-decisão e mentorias cruzadas. E disposição pessoal para encarar o desconforto que todo desapego provoca. A mente crítica não é a que nunca se engana, é a que aprende, desaprende e reaprende com agilidade e humildade.

Esse processo de revisão é especialmente importante em momentos de transição: mudanças de cargo, de mercado, de geração, de cultura. Um líder que assume um novo país, por exemplo, precisa revisar crenças culturais tácitas; alguém que sai da operação para a estratégia precisa revisar o valor que atribui à execução *versus* à reflexão. As transições revelam quais crenças são adaptáveis e quais se tornaram âncoras invisíveis que impedem o progresso.

Outro aspecto relevante é o ciclo de reforço das crenças dentro das organizações. Líderes formam times que compartilham seus pressupostos, o que gera eficiência no curto prazo, mas também cria zonas de conforto epistemológicas. Quando todos pensam igual, as crenças deixam de ser visíveis, tornam-se a água em que todos nadam. Por isso, o pensamento crítico maduro requer também exposição deliberada à diferença: ouvir quem discorda, analisar casos fora da indústria, buscar mentores de gerações distintas.

Por fim, atualizar crenças não é um ato isolado, mas uma prática recorrente. Assim como um sistema operacional precisa de *updates* regulares, o pensamento estratégico de um líder precisa ser revisto, reescrito e refinado com o tempo. Esse compromisso com a revisão constante é o que torna o pensamento crítico uma verdadeira vantagem evolutiva, não só para enfrentar o mundo como ele é, mas para moldá-lo como ele pode ser.

BARREIRAS AO APRENDIZADO CONTÍNUO E COMO SUPERÁ-LAS

Apesar de toda a retórica positiva em torno do aprendizado ao longo da vida, a verdade é que a maioria dos líderes experientes encontra resistências profundas à mudança de mentalidade. Parte dessas barreiras é externa: agendas lotadas, ambientes que premiam respostas rápidas, falta de tempo para reflexão. Mas as mais difíceis são internas: ego, certeza, status e medo da exposição.

O ego é talvez a mais silenciosa das armadilhas. Líderes bem-sucedidos acumulam histórias, conquistas e fórmulas que funcionaram, e é natural que sintam apego a elas. O problema é que esse acúmulo pode virar blindagem: "se funcionou até aqui, por que mudar?". O pensamento crítico exige justamente o contrário: uma abertura constante para o "e se...?", uma disposição para desaprender o que já foi útil, mas agora limita.

O pensamento crítico exige justamente o contrário: uma abertura constante para o "e se...?", uma disposição para desaprender o que já foi útil, mas agora limita.

A certeza também é sedutora. O conforto de ter convicções sólidas, de operar em terreno conhecido, de parecer confiante diante da equipe. No entanto, como bem apontou Daniel Kahneman, nada é mais perigoso para a decisão do que a ilusão de certeza. O líder que não consegue dizer "não sei" ou "precisamos investigar" perde a oportunidade de crescer e, pior, arrasta sua equipe para decisões frágeis, apenas porque parecer hesitante parecia inaceitável.

Outro obstáculo comum é o *status*. Em culturas hierárquicas, admitir ignorância ou revisar uma crença pode parecer sinal de fraqueza. Mas, nas culturas mais inovadoras e adaptativas, é exatamente o contrário: a capacidade de aprender em público, de mostrar-se vulnerável intelectualmente, é o que diferencia líderes verdadeiramente respeitados. O aprendizado contínuo não ameaça o *status*, ele o renova.

Por fim, há o medo de errar. Aprender implica correr riscos, testar limites, entrar em territórios desconhecidos. Organizações que punem o erro inviabilizam o pensamento crítico e sufocam a curiosidade. Superar essa barreira depende de criar um ambiente seguro para o experimento, em que falhas sejam interpretadas como parte do processo, desde que analisadas criticamente e transformadas em *insight*.

Superar essas barreiras exige mais do que boa vontade: exige intenção, método e cultura. Mas os líderes que atravessam essas resistências descobrem um espaço raro de liberdade intelectual, criatividade renovada e crescimento verdadeiro, não apenas técnico, mas também humano.

POR QUE CRIATIVIDADE SEM CRÍTICA GERA INOVAÇÕES FRÁGEIS

No imaginário popular, criatividade e pensamento crítico são vistos como opostos. Criar seria libertar-se das regras; criticar, contê-las. Mas, no mundo da inovação real, onde ideias precisam sobreviver ao contato com clientes, orçamentos, tecnologias e concorrência, essa separação é fatal. A criatividade sem crítica é fértil, mas rasa: produz ideias entusiasmantes, porém frágeis. Já a crítica sem criatividade é inteligente, porém estéril. O que a liderança inovadora precisa cultivar é a junção dos dois: liberdade de imaginar com disciplina de testar.

Muitas inovações fracassam não por falta de genialidade, mas porque foram protegidas de perguntas incômodas. *Startups* lançam produtos que ninguém quer, corporações investem milhões em soluções descoladas da realidade, times gastam meses em funcionalidades não testadas. Tudo isso nasce de um erro: confundir entusiasmo com validação. O pensamento crítico entra aqui como uma força de aterramento. Ele não reduz a ambição da ideia, ele reforça suas fundações. Questiona os pressupostos, exige evidências e desafia o "isso sempre funcionou".

Inovar sem crítica é como construir uma ponte só com inspiração. Pode até ser bela, mas dificilmente será segura. Em contrapartida, a crítica bem aplicada fortalece a criação: ajuda a definir o que testar primeiro, onde alocar recursos e como adaptar a solução ao contexto real. O líder supercrítico não mata ideias, ele as faz passar por provas e, ao fazer isso, garante que o que chegar ao mercado tenha mais chances de gerar valor real, não apenas excitação passageira.

Esse equilíbrio entre criação e crítica é ainda mais crucial em ambientes corporativos que valorizam agilidade. O ritmo acelerado das *sprints*, a pressão por entregas rápidas e o culto ao *fail fast* podem criar uma cultura de ação sem reflexão. Nessa pressa, decisões são tomadas com base em intuições mal examinadas, dados incompletos ou euforia coletiva. O resultado? Prototipagens que não viram produto, campanhas que não engajam e promessas de inovação que desgastam a confiança interna e externa.

O pensamento crítico oferece um freio consciente, não para travar o movimento, mas para garantir direção. Ao inserir pausas estratégicas no ciclo criativo, líderes podem fazer perguntas-chave: o que realmente sabemos? o que estamos assumindo? o que não está sendo dito? Essa disciplina de questionamento não sufoca a criatividade, ela a depura. E, ao fazer isso, transforma o entusiasmo em execução robusta, tornando a inovação não apenas possível, mas confiável.

FRAMEWORK: CICLO DE APRENDIZADO CRÍTICO CONTÍNUO

Aprender criticamente não é apenas acumular novos conhecimentos, é integrar reflexão, revisão e ação em um processo cíclico e permanente. O Ciclo de Aprendizado Crítico Contínuo propõe uma prática intencional de desenvolvimento baseada em quatro etapas recorrentes: **perceber → interrogar → reconfigurar → testar**. Esse ciclo pode ser aplicado a decisões passadas, hábitos mentais, crenças de gestão ou práticas organizacionais.

1. Perceber

O ponto de partida é a percepção atenta. Algo incomoda? Uma decisão não saiu como esperado? Um padrão se repete? Essa etapa exige escuta ativa, tanto interna (autocrítica) quanto externa (*feedback*). O objetivo é identificar áreas de atrito, dúvida ou potencial transformação que, em contextos apressados, passariam despercebidas.

- Exemplo: "tenho percebido resistência crescente da equipe a mudanças propostas por mim."

2. Interrogar

Aqui entra a investigação crítica: por que isso está acontecendo? Que crenças, hábitos ou premissas estão por trás do que percebi? Há dados que sustentam ou contradizem minha interpretação? Essa etapa exige distanciamento emocional e rigor cognitivo.

- Exemplo: "será que estou comunicando as mudanças de forma impositiva? estou ouvindo suficientemente os impactos delas sobre os times?"

3. Reconfigurar

Com base nas perguntas anteriores, o próximo passo é revisar o modelo mental, o comportamento ou a decisão original. Trata-se de experimentar um novo ângulo, redesenhar abordagens ou flexibilizar interpretações. É o momento da desaprendizagem e do redesenho.

- Exemplo: "preciso migrar de um estilo de imposição para um processo mais participativo de construção de mudança."

4. Testar

Por fim, toda reconfiguração precisa ser levada à prática e observada com atenção. Essa etapa não fecha o ciclo, mas o reinicia: o novo comportamento ou decisão é experimentado, avaliado e, novamente, percebido. Assim, o ciclo se torna um processo vivo de aperfeiçoamento contínuo.

- Exemplo: "vou aplicar a próxima mudança com co-construção em etapas e pedir *feedback* sobre o novo processo."

Este *framework* pode ser usado individualmente (como ferramenta de autorreflexão), em *coaching* ou como metodologia de desenvolvimento organizacional. Sua força está na repetição: quanto mais rodado, mais afiado o pensamento crítico e mais estratégica a aprendizagem.

EXERCÍCIO FINAL

Para encerrar este capítulo — e o livro — com prática e profundidade, propomos um exercício de metarreflexão: pensar criticamente sobre uma decisão tomada recentemente, com o objetivo de identificar aprendizados, vieses e oportunidades de aperfeiçoamento. A prática regular desse exercício é uma poderosa ferramenta de aprendizado contínuo.

1. **Qual foi a decisão tomada?**
   Descreva a decisão com clareza. O que estava em jogo? Quais eram as opções?

2. **Como cheguei a essa decisão?**
Quais foram os principais fatores que influenciaram sua escolha? Que informações ou argumentos pesaram mais? Houve pressão de tempo, emocional ou social?

3. **Quais premissas ou crenças estavam embutidas?**
Identifique pressupostos que você assumiu como verdadeiros sem questionar. Alguma crença influenciou fortemente a escolha?

4. **Que tipo de evidência considerei, ou ignorei?**
Reflita sobre dados, fatos, opiniões ou experiências usados. Algo relevante foi desconsiderado? Algum tipo de viés estava presente?

5. **O que aconteceu depois?**
Qual foi o desfecho (até agora)? A decisão gerou os efeitos esperados? Houve surpresas?

6. **O que eu teria feito diferente hoje, com o que sei agora?**
Esta é a etapa crítica da metarreflexão: revisitar o processo não para julgar com severidade, mas para entender o que poderia ser aprimorado.

7. **Que aprendizado crítico posso levar para as próximas decisões?**
Transforme sua análise em princípio, alerta ou prática futura.

Esse exercício pode ser feito semanalmente ou após decisões-chave. Se aplicado em equipe, pode ser adaptado como prática de "pós-decisão" para fortalecer o aprendizado coletivo.

SÍNTESE DO CAPÍTULO

Neste capítulo, encerramos a jornada da superdecisão com uma virada essencial: reconhecer que o pensamento crítico não é apenas uma ferramenta para decisões pontuais, mas uma filosofia de vida intelectual. Exploramos como o aprendizado contínuo, quando guiado por intencionalidade crítica, transforma líderes em agentes de aprimoramento permanente: mais atentos, mais reflexivos, mais adaptáveis.

Discutimos os fundamentos do desenvolvimento metacognitivo e a importância de pensar sobre o próprio pensar. Vimos que o hábito de revisar decisões, questionar pressupostos e atualizar crenças é o que diferencia os líderes que crescem com o tempo daqueles que apenas acumulam anos de experiência. Argumentamos que o pensamento crítico não se esgota em análises racionais: ele exige coragem para rever, humildade para mudar e disciplina para praticar.

O hábito de revisar decisões, questionar pressupostos e atualizar crenças é o que diferencia os líderes que crescem com o tempo daqueles que a

Também mapeamos as barreiras comuns ao aprendizado, ego, certeza, *status*, medo, e mostramos como podem ser superadas com práticas intencionais e cultura favorável. Apresentamos o Ciclo de Aprendizado Crítico Contínuo como um modelo de autorreflexão aplicada, além de um exercício final que convida o leitor a transformar decisões passadas em aprendizado explícito.

Se este livro foi, até aqui, uma coleção de ferramentas, *frameworks* e provocações, este capítulo convida à incorporação. Mais do que aplicar pensamento crítico, é hora de cultivá-lo como um modo de estar no mundo: mais consciente, mais curioso, mais claro. E esse cultivo começa de dentro para fora, decisão por decisão.

Conclusão

A JORNADA DA SUPERDECISÃO

Tomar decisões sempre foi o coração da liderança. Mas, na era da inteligência artificial, da complexidade acelerada e da sobrecarga cognitiva, decidir com clareza, responsabilidade e coragem torna-se um diferencial vital, talvez o mais importante. Este livro nasceu da convicção de que o pensamento crítico é o músculo estratégico da liderança contemporânea. E, mais do que uma técnica, ele é uma disciplina de vida.

Ao longo desta jornada, você foi convidado a questionar o óbvio, identificar armadilhas mentais, distinguir evidência de suposição, ouvir com profundidade, formular problemas com rigor, navegar incertezas, sustentar dilemas éticos e decidir sem garantias. Cada capítulo foi uma lente, uma prática, uma provocação. Mas a verdadeira transformação só começa quando essas lentes se tornam hábitos, e os hábitos viram cultura.

Superdecisão não é um estado final. É uma busca constante por decisões mais lúcidas, mais justas e mais eficazes, em um mundo onde a velocidade não pode substituir o discernimento, e onde os algoritmos precisam de líderes que saibam perguntar "por quê?". Mais do que nos tornarmos superinteligentes, o desafio da nossa era é nos tornarmos *supercríticos*: líderes que pensam com clareza, sentem com empatia e agem com responsabilidade.

Agora, o que você fará com tudo isso?

A resposta não está neste livro. Está na próxima decisão que você tomar.

Recomendação de leituras

1. BASSHAM, Gregory et al. *Critical Thinking: A Student's Introduction*. 4. ed. New York: McGraw-Hill, 2011.
2. BUTTERWORTH, John; THWAITES, Geoff. *Thinking Skills: Critical Thinking and Problem Solving*. 2. ed. Cambridge: Cambridge University Press, 2013.
3. ELDER, Linda; PAUL, Richard. *Critical Thinking: Tools for Taking Charge of Your Professional and Personal Life*. 2. ed. Upper Saddle River: Pearson Education, 2014.
4. FACIONE, Peter A. *Critical Thinking: What It Is and Why It Counts*. Millbrae, CA: Measured Reasons, Insight Assessment, 2013.
5. GHARAJEDAGHI, Jamshid. *Systems Thinking: Managing Chaos and Complexity – A Platform for Designing Business Architecture*. 3. ed. Burlington: Elsevier, 2011.
6. HOUGAARD, Rasmus; CARTER, Jacqueline. *More Human: How the Power of AI Can Transform the Way You Lead*. Boston: Harvard Business Review Press, 2025.
7. PAUL, Richard; ELDER, Linda. *The Miniature Guide to Critical Thinking: Concepts & Tools*. 4. ed. Dillon Beach: Foundation for Critical Thinking, 2006.
8. SHRIER, David L. *Welcome to AI: A Human Guide to Artificial Intelligence*. Boston: Harvard Business Review Press, 2024.
9. WITHEY, Michael. *Mastering Logical Fallacies: The Definitive Guide to Flawless Rhetoric and Bulletproof Logic.*: Callisto, 2016.

Índice remissivo

M

N

O

P